अपने ही होने पर

(विंदा करंदीकर की चुनी हुई कविताओं का हिन्दी रूपान्तर)

अपने ही होने पर

विंदा करंदीकर

सम्पादक
डॉ. विजया राजाध्यक्ष
डॉ. पुष्पा भारती

वाणी प्रकाशन ग्रुप
भारतीय ज्ञानपीठ
वाणी प्रकाशन : भारतीय ज्ञानपीठ की पुस्तकों के एकमात्र प्रकाशक एवं वितरक

सजिल्द पहला संस्करण : 2006
सजिल्द दूसरा संस्करण : 2025

राष्ट्रभारती लोकोदय ग्रन्थमाला : ग्रन्थांक 837

4695, 21-ए, दरियागंज, नयी दिल्ली-110 002
फ़ोन : 011-23273167, 23275710
ईमेल : sales@vaniprakashan.in

अपने ही होने पर

(कविता-संग्रह)

विंदा करंदीकर

ISBN : 978-93-6944-042-9

मूल्य : **895**

मुद्रक : *सिटी प्रेस, दिल्ली-110 095 में मुद्रित*

APNE HI HONE PAR (A Collection of poems) *by* **Vinda Karandikar**

विंदा करंदीकर की चुनिंदा कविताएँ

मराठी के सुविख्यात कवि विंदा करंदीकर जी का नाम कौन नहीं जानता? विंदा जी के पाँच काव्य-संग्रह—'स्वेदगंगा' (1949), 'मृद्गंध' (1954), 'धृपद' (ध्रुपद) (1959), 'जातक' (1968) और 'विरूपिका' (1981)—जिस कालखंड में प्रकाशित हुए, वह कालखंड मर्ढेकर कृत नयी कविता के कारण प्रसिद्ध है। इसी के साथ 1969 से 1993 तक विंदा जी की बाल-कविताओं के दस संग्रह भी प्रकाशित हुए। इन दस काव्य-संग्रहों से चुनिन्दा कविताओं के दो संग्रह—'अजबख़ाना' और 'अल्लख बिलंदर' आज उपलब्ध हैं। 1981 में प्रकाशित 'विरूपिका' काव्य-संग्रह की प्रस्तावना में उन्होंने काव्य-जगत से संन्यास लेने की घोषणा कर दी थी, मगर चर्चित होने के कारण अभी भी उनके कविता-संग्रहों के कई संस्करण प्रकाशित हो रहे हैं। यह सिलसिला चलता ही रहेगा, क्योंकि महाराष्ट्र के जनमानस में विंदा जी की कविताएँ आज भी छाई हुई हैं। वर्ष 2002 में प्रकाशित 'अष्टदर्शन' नामक तत्त्व काव्य-संग्रह ने करंदीकर जी को लोकप्रिय बनाने के साथ-साथ प्रथम श्रेणी के कवियों में लाकर खड़ा कर दिया।

विंदा करंदीकर कवि होने के अलावा लघु निबन्धकार और समालोचक भी हैं। उन्होंने अँग्रेजी और हिन्दी भाषाओं में समीक्षापरक लेख लिखे। उन्होंने ललित एवं समीक्षात्मक ग्रन्थों के लिए रोचक एवं मर्मग्राही प्रस्तावनाएँ भी लिखीं। यह भी उनकी सृजनात्मक क्षमता का एक महत्त्वपूर्ण अंग है। इसमें सबसे महत्त्वपूर्ण कार्य उनके द्वारा किया हुआ सन्त ज्ञानेश्वर जी के प्राचीन ग्रन्थ 'अमृतानुभव' का अर्वाचीनीकरण माना जाता है।

विंदाजी की सृजनात्मक प्रतिभा बहुआयामी है लेकिन कविता उनकी रचनात्मकता का सबसे महत्त्वपूर्ण पक्ष है। अपनी ही कृतियों पर समीक्षक की भूमिका में किया गया उनका भाष्य उनकी कविता और लघु निबन्ध को समझने में काफी सहायक है। अपनी समीक्षाओं में भी उन्होंने कविता में अन्तर्निहित विचारों को प्रमुखता दी है। ये विचार ही पाठक और समीक्षक

को अपनी ओर खींचते हैं।

हिन्दी, अँग्रेजी और गुजराती भाषाओं में विंदाजी की कविताओं के अनुवाद हुए हैं। अँग्रेजी में अपनी कृतियों का अनुवाद उन्होंने स्वयं किया है। उनके पाँच अनूदित काव्य-संग्रह प्रकाशित हो चुके हैं। कविताओं के हिन्दी में अनूदित संग्रह का सम्पादन डॉ. चंद्रकांत बांदिवडेकर ने किया है और इसमें हिन्दी के प्रख्यात लेखक श्री धर्मवीर भारती और प्रो. वसन्त देव के किये हुए अनुवाद भी शामिल हैं। गुजराती में अनूदित कविताओं की संख्या कम होने के कारण कोई गुजराती काव्य-संग्रह प्रकाशित नहीं हो सका है।

इसके अतिरिक्त विंदाजी के मंगेश पाडगाँवकर के द्वारा सम्पादित संग्रह 'संहिता' और विजया राजाध्यक्ष द्वारा सम्पादित 'आदिमाया' संग्रह उल्लेखनीय हैं। विशेष रूप से दोनों सम्पादकों के द्वारा लिखी गयी विवेचनात्मक भूमिकाएँ पठनीय हैं। (मंगेश पाडगाँवकर लिखित 'संहिता' की भूमिका का संक्षिप्त अंश इसी पुस्तक में 'परिशिष्ट' के रूप में प्रकाशित है।)

प्रस्तुत सम्पादित संग्रह हिन्दी पाठकों के समक्ष है। ऊपर दिये गये बिन्दुओं को पाठकों के सामने रखना जरूरी था, क्योंकि इससे हिन्दी पाठकों को विंदाजी की कविताओं की प्रकृति, उनके विचार और उनकी सामाजिक चेतना को समझने में मदद मिलेगी। मराठी पाठक इस पृष्ठभूमि से परिचित हैं परन्तु हिन्दी पाठकों के लिए यह जानकारी काफी महत्त्वपूर्ण होगी। इस संग्रह में हमने करंदीकर की कविताओं के साथ उनकी बाल-कविताओं को भी शामिल किया है। हमारा प्रयास है कि करंदीकर जी की कविताओं का समग्र भाव हिन्दी पाठकों के सम्मुख रखा जाए। 'अष्टदर्शन' उनकी स्वतन्त्र कृति नहीं है, इसलिए इसमें से मात्र दो कविताओं को शामिल किया है। हमें प्रसन्नता है कि कुशल अनुवादकों की मदद से हम करंदीकर जी की कविताओं को लेकर हिन्दी पाठकों तक पहुँच रहे हैं। ज्ञानपीठ पुरस्कार सम्मानित करंदीकर जी की रचनाओं को स्वयं भारतीय ज्ञानपीठ जैसे प्रतिष्ठित संस्थान से प्रकाशित करने के निर्णय से हम सम्मानित होने के साथ-साथ आभारी भी हैं। मित्रों ने हमारा निवेदन स्वीकार करके करंदीकर जी की कविताओं के अनुवाद को समय पर सौंपकर विशेष अनुकम्पा की है। हम उनके ऋणी हैं। परिशिष्ट के लेखक मंगेश पाडगाँवकर एवं भारतीय ज्ञानपीठ के भी हम कृतज्ञ हैं।

इस पुस्तक में शामिल कविताओं का क्रम हमने वही रखा है, जो विंदाजी के प्रकाशित संग्रहों का अनुक्रम है। इसमें उनकी एक अप्रकाशित कविता भी शामिल की गयी है। बाल-कविताओं का अलग अध्याय रखा गया है। इस संग्रह का प्रयोजन यह है कि हिन्दी का पाठक करंदीकर के जीवनकाल,

उनके बौद्धिक और साहित्यिक संस्कार, उनकी कविताओं के प्रमुख आशय, कविता लेखन में किये गये उनके विविध प्रयोग तथा इनके महत्त्व को बिना किसी कठिनाई के समझ सके, इनके परस्पर सम्बन्धों को जान सके। आशा है, हम इस प्रयोजन में सफल होंगे।

विंदाजी के काव्य लेखन काल में समाज, राजनीति, विज्ञान और मनोविज्ञान शास्त्र जैसे अनेक क्षेत्रों में महत्त्वपूर्ण घटनाएँ हुईं। इन घटनाओं का असर विंदाजी पर हुआ। मार्क्स, फ्रॉयड, गाँधी, ब्राउनिंग, टी.एस. इलियट, ऑडेन ने भी उन्हें प्रभावित किया। तुकाराम, केशवसुत, माधव ज्यूलियन, मर्ढेकर आदि मराठी साहित्यकारों ने भी उनपर अपनी छाप छोड़ी। द्वितीय महायुद्ध जैसी घटनाओं ने विंदाजी के व्यक्तित्व पर गहरा असर डाला जो उनके कविता-लेखन में दिखाई देता है। इन सबका एक मिला-जुला असर हुआ जिसने उनकी संवेदनाओं को भी छुआ। विचारों में परिपक्वता आयी और एक सोच बनने लगी। करंदीकर ने खुद कहा है कि उनकी संवेदना और चेतना का सम्बन्ध सामाजिक, आध्यात्मिक, लैंगिक और दार्शनिक क्षेत्रों से है जो उनकी कविताओं में निहित विविध अनुभवों में अन्तर्भूत हैं। इन अनुभवों और संवेदनशीलता के गहरे एहसास के साथ कवि एकनिष्ठ है और इसे विंदाजी ने नाम दिया 'जाणीवनिष्ठा'।... ''यह जाणीवनिष्ठा ही मेरे काव्य-लेखन में...निरन्तर दृढ़ और स्पष्ट होती गयी। मेरे द्वारा प्रयुक्त मुक्त छन्द, भिन्न-भिन्न शब्दप्रयोग, सुर और लय इसी 'जाणीवनिष्ठा' से निःसृत हैं।'' —यह कथन विंदाजी ने अपनी 'उद्‌गार' नामक आलोचना पुस्तक (पृष्ठ 54-55) में किया है।

विंदाजी की कविताओं का अनुभव-फलक बहुत व्यापक है। उनकी कविता वैविध्यपूर्ण है। जीवनानुभवों ने उन्हें संवेदनशील बनाया, जीवन के प्रति गहरे एहसास से जुड़ा यह विशिष्ट एहसास उनकी कविता में बराबर दिखाई देता है। अपने अनुभवों को विंदाजी ने एक 'खुले दृष्टिकोण' से अपनी लयबद्ध बन्दिश में ढाला। इस बन्दिश में उनकी शब्द साधना की, उनकी भाषा की महत्त्वपूर्ण भूमिका है। इस प्रक्रिया में उनकी कविता के तानेबाने में समाहित उनकी आत्मचेतना के विकास के विभिन्न स्तर पाठक की संवेदना को सहज ही छू लेते हैं।

अपनी समूची काव्ययात्रा में भिन्न-भिन्न जीवनानुभवों से साक्षात्कार करते हुए विंदाजी की कविता ने आशय के नये-नये क्षेत्र ढूँढ़े हैं। इस 'जाणीवनिष्ठ' एहसास ने उन्हें नये सूत्र दिये। सोच की नयी दिशा दी और अभिव्यक्ति को सतत नया चोला पहनाया। उन्होंने कविता के तीन नये रूपबन्ध बनाये। ये हैं—'तालचित्र', 'मुक्तसुनीत' और 'विरूपिका'। साथ ही उन्होंने पुराने

और परम्परागत रूपबन्धों का भी नये ढंग से प्रयोग किया। यह उनके द्वारा रचित 'आततायी अभंग', 'ग़ज़ल', 'सूक्त' आदि काव्यप्रकारों से स्पष्ट रूप से दृष्टिगत होता है। उन्होंने 'कीर्तन', 'गोंधळ' जैसे प्रयोगकला से सम्बद्ध रूपबन्धों में भी नये अर्थ भर दिये। ये प्रयोग उन्होंने फैशन या मनोरंजन के लिए नहीं किये बल्कि अनुभवों की आन्तरिक माँग के कारण किये। और यह माँग ऊपर कही गयी 'जाणीवनिष्ठा' से पैदा हुई। यानी जीवनानुभवों के प्रति संवेदनशीलता के गहरे एहसास से पैदा हुई। इसी 'जाणीवनिष्ठा' का असर विंदाजी ने अपनी कविताओं की भाषा की प्रकृति पर भी स्वीकार किया है।

बालकविता विंदाजी की साहित्य-सर्जना का एक स्वतन्त्र रूप है। उन्होंने बालमन से अपना भावपूर्ण नाता जोड़ा। बच्चों के मनपसन्द विषय ढूँढ़ निकाले। तर्क से अधिक कल्पनाशक्ति को प्रमुखता देकर, सुर और लय की ओर विशेष ध्यान देकर बच्चों के लिए उन्होंने सुन्दर कविताएँ लिखीं। उन्होंने इसे बच्चों की बुनियादी मानसिक जरूरत समझा। यही कि बच्चों के बहुआयामी विकास के लिए उन्हें जीवन के अनेकानेक अनुभवों से और आसपास के परिवेश से परिचित कराया जाए। बहुआयामी विकास में बालकविता की सहभागिता के महत्त्व का एहसास करंदीकर जी को था। इन सब कारणों से करंदीकर जी की बालकविता मराठी बालकविता जगत में एक अभूतपूर्व परिवर्तन लायी। अपनी बालकविताएँ भी उन्होंने उसी संवेदनशीलता के गहरे एहसास से लिखीं। इसीलिए उनकी प्रौढ़ कविताएँ और बालकविताएँ अलग-अलग खाँचों में नहीं बाँटी जा सकतीं। एक ही समर्थ प्रतिभा के ये दो विलक्षण सृजनात्मक रूप हैं।

करंदीकर जी की बहुरंगी और वैविध्यपूर्ण कविताओं ने कवियों, पाठकों और समीक्षकों आदि सभी को लुभाया। अपने काव्य-गायन के अनेक कार्यक्रमों के माध्यम से उन्होंने अपनी कविता असंख्य रसिकों तक पहुँचायी। प्रारम्भ के साहित्यिक और वैचारिक प्रभावों की जकड़न से धीरे-धीरे मुक्त होने के बाद, उनकी कविता ने मराठी कविता के मानचित्र में एक व्यापक हिस्से पर अपना अधिकार जमाया। उन्होंने अपनी काव्य-परम्परा को समृद्ध किया और स्वतन्त्र अस्तित्व दिया।

ऐसे श्रेष्ठ कवि करंदीकर की रचनाओं का आनन्द हमने पुनः एक बार इस पुस्तक के प्रयोजन से लिया। इस पुस्तक का नामकरण करंदीकर जी एक कविता 'होता है जब कवि का जन्म' की एक पंक्ति को ध्यान में रखकर किया गया है। कविता का आशय है कि कवि का जन्म होना सृष्टि के

सौन्दर्य में वृद्धि का होना है। क्या तारे, क्या सागर और क्या ही पहाड़—प्रकृति के सभी उपादान उसमें सहयोगी बनते हैं। यहाँ तक कि एक छोटे से बनफूल को भी उस अवसर पर अपने होने का एहसास होता है। वह भी उमँग उठता है और कवि के जन्म का साक्षी बन जाना चाहता है। करंदीकर के इन्हीं आनन्दमय अनुभवों से हम हिन्दी पाठकों का साक्षात्कार कराना चाहते हैं। हमारा यह प्रयास पाठकों को रुचिकर लगेगा, इसी विश्वास के साथ यह पुस्तक पाठकों के सम्मुख प्रस्तुत है।

पुष्पा भारती **विजया राजाध्यक्ष**

(रूपान्तर : सविता गोखले)

अनुक्रम

'जातक' से

अपने ही होने पर

स्वेदगंगा–1

भागिरथीचें करण्या दर्शन
पापाचें करण्या परिमार्जन
गंगातीरावरतीं सज्जन
सायंकाळीं प्रशांत समयीं
जमले; आणिक करिती भाषण :

'गंगा सर्व नद्यांहुन शुभकर.'
एक बोलला; दुसरा त्यावर,
'सुंदर गंगेहुन स्वर्गंगा.'.
सहज बोलला नंतर तिसरा,
'लुप्त जाहली तिसरी गंगा!'

वृथाच वटवट, प्रचार नंगा
शब्द कशाला वदतां जहरी?
लुप्त कोठची! ऐका सज्जन
घोंघावत ही गंगा तिसरी.

स्वेदगंगा–1

भागीरथी के दर्शन
और पापों का परिमार्जन.
गंगातट पर कतिपय सज्जन
शाम सुहानी आते
और करते रहते भाषण।

'सब नदियों में शुभकर गंगा'
एक ने कहा, बोला दूजा—
'गंगा से भी स्वर्गंगा सुन्दर'
यूँ ही बोला तीजा इस पर
'लोप हो गयी तीजी गंगा।'

बेजा बकबक, प्रचार नंगा
ज़हरीले शब्दों का दंगा
लोप कहाँ से? सुनो सज्जनो!
उमड़-घुमड़ती तीजी गंगा।

(अनुवाद : रेखा देशपांडे)

स्वेदगंगा–2

स्वेदाची ही अखंड गंगा
धापा टाकित वाहत आहे
अनंतांतुनी अनंताकडे.

खडकावरतीं हाणित डोकें,
कडेकपारी फोडित साऱ्या,
दरीदरींतुन मारि भराऱ्या.

स्वेदाची ही अखंड गंगा—
देश, धर्म, रक्ताचे सारे
फोडित धरणें नी बंधारे,
भिजवित माती काळी, गोरी,
पहा धावते अखिल जगावर.
जीवननौका नाचे त्यावर.

स्वेदाची ही अखंड गंगा—
दिवसां, रात्रीं, सांजसकाळीं,
जशी हिवाळीं तशी उन्हाळीं
वाहत होती; वाहत राहे.
उफाळलेली नागिण जैशी
जो जो तुडवी त्याला दंशी.

स्वेदाची ही अखंड गंगा—
शेतांतिल त्या औतामागुन,

स्वेदगंगा–2

स्वेद की गंगा अविरल गंगा
हाँफती हुई बहती गंगा
अनन्त से है अनन्त की तरफ।

चट्टानों पर सिर पटकती
गिरि–कन्दराओं को तोड़ती–फोड़ती
खाई–खाई पर कूदती–फाँदती।

स्वेद की गंगा अविरल गंगा
देश, धर्म, और रक्त के सारे
तोड़ती बाँध, काटती धारे
भिगोती मिट्टी काली गोरी
दौड़ रही दुनिया को लेकर
जीवन नैया नाचे जिस पर।

स्वेद की गंगा अविरल गंगा
रात–दुपहरी, साँझ–सकारे
जाड़े हों या धूप के पहरे
बहती थी, बहती रहती है
उफनती नागिन जैसी
जो भी कुचले उसको डसती।

स्वेद की गंगा अविरल गंगा
खेतों में चलते हल के पीछे

गिरण्यांच्या यंत्रांच्या जवळुन,
खाणींतुन वा खड्गामागुन,
बेभान पुढें वाहत धावे
बुजवित शिक्के, बुजवित नांवें.

स्वेदाची ही अखंड गंगा—
खणीत डोंगर, भरीत डबरे,
समान करुनी भंवतीं सारें,
युगायुगांतुन प्रवाह बदलित,
परमेच्छेचा विकास साधी.
पुळीस मिळवी जुलमी गादी.

स्वेदाची ही अखंड गंगा—
—तांबडमाती, काळें पाणी—
गात नवीं क्रांतीचीं गाणीं
विविध मुखांनीं, विविध दिशांनीं,
शोधित सागर संघटनेचा,
स्वातंत्र्याचा, नव्या युगाचा.

मिलों और मशीनों के पीछे
खदानों और कटारों में
बेलौस चली है कगारों से
हर नाम मिटाती, निशां मिटाती।

स्वेद की गंगा अविरल गंगा
पहाड़ तोड़ती, खाई भरती
समतल करती सारी धरती,
युगों-युगों से दिशा बदलती
सँजोती परमेच्छा विकास की
और जुल्मी राज को धूल में मिलाती।

स्वेद की गंगा अविरल गंगा
काला पानी, लाल मिट्टी
गीत क्रान्ति के गाती चलती
कई मुखों और कई दिशाओं
तलाशती सागर संघटना का
नवयुग का और स्वतन्त्रता का।

(अनुवाद : रेखा देशपांडे)

स्वेदगंगा : पुजारी

गंगेच्या तीरावर सारे
स्वार्थाचीं क्षेत्रें रचणारे
देवपुजारी अनेक जमती
        नफेबाजीचे मंत्र म्हणाया,
पुजावया चैनीची मूर्ती.

प्रसन्न ही चैनीची देवी
फक्त आपणां सदैव व्हावी
म्हणुनी करण्या अभिषेक वरी
        देवपुजारी स्वेदनदींतिल
स्वेदबिंदुनीं भरती झारी.

चैनीचा बगिचा शिंपाया
स्वेदबिन्दुना देतिल काया;
करितां बांधुन अभेद्य धरणें
        स्वेदबिंदुना वदे पुजारी,
'आतां येणें, अथवा मरणें.'

समाजगंगा ही स्वेदाची
अशीच वाहत रहावयाची
कशास हीं कानूंचीं धरणें?
        धरणें गेलीं तर, भोंदूंनो!
स्वार्थाची कावड ना भरणें.

स्वेदगंगा : पुजारी

गंगा के तट पर ये सारे
स्वार्थ के क्षेत्र रचाने वाले
देवपुजारी जमा हो गये
लाभ-लोभ के मन्त्र-जाप से
ऐयाशी की मूर्ति पूजने।

रहे प्रसन्न सदा ये देवी
अपने ही को केवल वरती
इसी हेतु अभिषेक-अर्थ ये
देवपुजारी स्वेद नदी से
स्वेद बिन्दु की भरते गगरी।

ऐयाशी के बाग़ सींचने
स्वेद बिन्दु ना तन-मन देंगे
यही सोच कर बाँध बनाने
स्वेदबिन्दु से कहे पुजारी
'या तो आएँ या मर जाएँ।'

स्वेद की यह समाजगंगा
इसी तरह से बहती धारा
बाँध किसलिए बनवाएँ ये?
बाँध नहीं, तो भोंदू जन हे!
स्वार्थ की गगरी भरें तो कैसे?

क्षणाक्षणाला वाढतसे जल;
क्षणाक्षणाला वाढतसे बल;
        वृथाच रचतां बांध तिरावर;
        लिपाल तितके फुटतिल सारे;
सर्वच जाइल पुराबरोबर.

अरे पुजाऱ्या, कशास भ्रांती?
पाणी भरलें तुझ्या सभोंतीं;
बुडेल देउळ बुडशिल तूंही;
        तुझ्याच धरणीं तुजला पुरुनी
स्वेदनदी ही वाहत राही.

वृथाच तुमचीं सगळीं धरणें;
स्वेदनदी नच उलटी फिरणें;
धो धो वाहत पुढेंच जाइल;
        आणिक जे अडवाया येतिल
मढीं तयांचीं वाहुन नेइल.

पवित्र हें गंगाजळ सारें
देवीवरती वाहुं नका रे!
देवीहुनही हें पावनतर;
        पुजा पुजा रे मानव यानें;
पुजा पुजा रे समाजशंकर.

पल पल बढ़ता जाता है जल
पल पल बढ़ता जाता है, बल
व्यर्थ बनाते बाँध तटों पर
जितने भी बनवाओगे तुम
टूटेंगे, बह जाएँगे सब।

अरे पुजारी , छोड़ो भी भ्रम
घिरे हुए हो पानी में तुम
मन्दिर के संग डूबोगे तुम
तुम्हरी धरती में तुम्हें गाड़ कर
स्वेदनदी आगे बढ़ जाए।

व्यर्थ तुम्हारे बाँध ये सारे
स्वेदनदी उल्टी ना घूमे
तेज़ दौड़ती बढ़ती आगे
रोकेंगे जो, उनके मुर्दे
लिये समेटे, आगे भागे।

पवित्र यह गंगाजल सारा
देवी पर तुम न कभी चढ़ाना
देवी से भी पावनतर
मानव पर तुम इसे चढ़ाना
और पूजना समाज शंकर।

(अनुवाद : रेखा देशपांडे)

स्वेदगंगा : प्रणाम

कांचनगंगेहुन जी सुंदर,
भागिरथीहुन जी पावनतर,
परमेशाहुन जनहिततत्पर,
त्या गंगेंतिल स्वेदबिंदुनो!
प्रणाम माझा तुम्हां निरंतर.

पवित्र मज स्वेदाचे बिंदू,
ज्यांतुन निपजे जीवनसिंधू;
या बिंदूंची माळ जयांवर
त्रिवार वंदन त्या संतांना.
विजय तयांचा! त्यांचें जीवन!!

स्वेदगंगा : प्रणाम

कांचनगंगा से भी सुन्दर
भागीरथी से जो पावनतर
ईश्वर से भी जनहित तत्पर
उस गंगा के स्वेद बिन्दुओ!
प्रणाम मेरा तुम्हें निरन्तर।

सिर आँखों पर स्वेद बिन्दु
जिनसे जनमे जीवन सिन्धु
जिनके माथे इनकी माला
त्रिबार वन्दन उन सन्तों का।
विजय उन्हीं की! जीवन उनका!

(अनुवाद : रेखा देशपांडे)

मानवांनो आंत या रे!

पर्वतांनो दूर व्हा रे! सागरांनो दूर व्हा रे!
उघडिलें मीं दार माझें; मानवांनो आंत या रे.

वादळांची काय भीती?
तींच माझें गीत गाती.
बादळांना जन्म देती श्वास माझे पेटणारे.

भूक माझी वाढलेली;
प्राण माझा वाढलेला;
वाढलेले पंख माझे या नभीं ना मावणारे.

कालसर्पाला अतां मी.
जिंकिलें जाऊन व्योमी!
वीज ही रे चोंच माझी, मेघ हे माझीं पिसें रे.

आज माझा देह साधी
विश्वऐक्याची समाधी;
कोंडले जातील आतां मानवा या कोंडणारे.

दुर्बलांना, दु:खितांना,
शापितांना, शोषितांना,
आज क्षितिजाच्या करांनी देत मी आलिंगना रे.

मानवो, स्वागत तुम्हारा!

पर्वतो, परे हटो! सागरो! दूर हटो!
खोल दिया द्वार मैंने, मानवो, स्वागत तुम्हारा।

तूफानों से कैसा डरना
वही तो मेरा गीत गाते
आँधियों को जन्म देता साँस का संसार मेरा।

भूख मेरी बढ़ गयी है
प्राण है फूला हुआ
फैले हुए हैं पंख मेरे, आकाश छोटा पड़ रहा।

जीत लिया है कालसर्प को
व्योमगामी होकर मैंने
चंचु विद्युत् हुई मेरी औ' पंख पसारे मेघमाला।

एकाग्र हो साधे है मेरी
देह, विश्व-एकता
मानवों को बाँधने वालों की किस्मत आज कारा।

दुर्बलों को, दुःखितों को,
शापितों को, शोषितों को
क्षितिज की बाहों से है, आज आलिंगन मेरा।

(अनुवाद : रेखा देशपांडे)

रक्त–समाधी

विचार–वाचन–व्याख्यानांनी होउन वेडे आपण
खेडे शोधत गेलो;
आणिक शेवट आलो धावत जेथे
आकाश निळे वरती;
आपण भूमीवरती;
हिरवळ अपुल्याभवती;
आणिक देवीच्या राईतिल पक्षी कुजबुज करिती.

आतुरतेने सकंप होऊन आलिस तू मग जवळी
आणिक त्या वेळी! त्या अद्भुत काली!!
अर्धोन्मीलित काळ्या डोळ्यांतुनिया
त्याहुन काळी उफाळली मग ज्वाळा;
गाल बोलले; नेत्र बोलले; ओठ बोलले; एकच 'माला...माला'.

केस तुझे सुटलेले पाठीवरती;
उभारलेले स्तन टवटवते पुढती;
आणिक त्या उन्मादक
भरिव नितंबाच्या भवतीच्या नीटस रेषा मोहक;
नितंब गोरे, मृदुल, गोल नी मांसल;
मस्त, पुष्ट, मादक मांड्या थरथरती;
विवस्त्र झालेली तव कंवर माझ्या पुढती झुलती.

हृदयाजवळी घट्ट घेउनी आवळताना तुजला
देह जाहला घामाने मग ओला;
तीव्र, गूढ़ नि:श्वसने
गाउ लागली अनंत अपुरे गाणे;
रक्त लागले नाचू आणिक गाऊ;

रक्त-समाधि

विचार-वाचन-भाषण से होकर मोहित हम
चले खोजने गाँव-खेड़े
और अन्त में दौड़ते पहुँचे जहाँ
नीला आकाश ऊपर;
हम धरती पर;
हरियाली चारों ओर;
और देवी के बाग़ों के पक्षी करते खुसुर-पुसुर!

आतुरता से कम्पित हो फिर तू आयी पास
और उस समय! उस अद्भुत क्षण!!
अर्धोन्मीलित काली आँखों से
उससे भी अधिक काली ज्वाला उफन पड़ी;
गाल बोले, नेत्र बोले, होंठ बोले, एक ही शब्द—'मुझे...मुझे'

पीठ पर केश तेरे खुले हुए;
सामने स्तन खिले-खिले उभरे हुए;
और उन उन्मादक
भरे-भरे नितम्बों के इर्द-गिर्द सुन्दर रेखाएँ मोहक;
नितम्ब गोरे, मृदुल, गोल औ' मांसल;
मस्त, पुष्ट, मादक जंघाएँ सिहरतीं;
विवस्त्र हो तेरी कमर आगे मेरे झूमती।

सीने से लगा तुझे, कसता आलिंगन
तब पसीने से भीगी देह सारी;
तीव्र, गूढ़ निःश्वास
गीत अनन्त अधूरे गाने लगे;
रक्त लगा गाने और नाचने;

मृत्यूतुंनही अमर लागले होऊ;
जिवाजिवांच्या तारा साऱ्या जुळल्या;
संगितलहरी उठल्या रुधिरामधुनी;
जुन्या काळची नव्या सुरातुन गाउ लागलो गाणी;
तुझ्यात गेलो, विरलो; आणिक मेलो;
मजला पाजुन, तुजला गिळलो, प्यालो;
मीपण गेले; तूपण आले...आले....
जीवन संगित झाले, जीवन प्याले!

अव्यक्ताला व्यक्त करायासाठी
अद्वैतातच विरल्या साऱ्या गाठी;
विसरुनि गेलो अद्वैतातच मीपण,
स्वत्त्वाचे संरक्षण;
आणिक त्या आत्यंतिक अद्‌भुत वेळी
दिक्कालाची बेडी भंगुन गेली.
रक्तसमाधित दिव्य रवाने वदलो जेव्हा दोघे
तू-'ये...ये...', मी-'घे...घे...';
रक्तसमाधी लागुन विरली माया;
रक्तातुनिया रक्त मिसळले जीवन पुढती न्याया!

मृत्यु से भी अमरता आने लगी;
प्राण-प्राण से जुड़ गयी डोर सारी;
संगीत लहरी उठी रुधिरों से;
गीत अतीत के नये सुरों में लगे घुमड़ने अधरों से;
तुझमें समा, हुआ विसर्जित और मरा मैं;
स्वयं को तुझे पिला, तुझे जिया-पिया मैं;
मेरा 'मैं' गया; 'तू' आया...आया।
जीवन संगीत हुआ, पिया जीवन प्याला!

अव्यक्त को करने व्यक्त,
अद्वैत में ही घुल गयीं गाँठें सारी
अद्वैत में ही भूला, मैं अपना मैं-पन
स्वत्व का संरक्षण;
और उस चरम अद्‌भुत क्षण में
दिक्-काल की बेड़ी भग्न हुई।
रक्त-समाधि में दिव्य स्वरों में बोले जब हम दोनों—
तू 'आ...आ', मैं 'ले...ले...'
रक्त-समाधि लगी और विसर्जित माया;
मिला रक्त से रक्त बढ़ाने आगे जीवन!

(अनुवाद : दामोदर खड़से)

तीर्थाटण

तीर्थाटण मी करित पोचलों
नकळत शेवट तव दारीं;
अन् तुझिया देहांत गवसलीं
सखये मज तीर्थें सारीं.

अधरावरतीं तव वृंदावन;
प्रयाग सापडलें नेत्रीं;
भालावरतीं तें मानससर;
मानेवरतीं गंगोत्री;

गया तुझ्या गालांत मिळाली;
रामेश्वर खांद्यावरतीं;
मिळे द्वारका कमरेपाशीं
अन् काशी अंवतींभंवतीं.

मोक्षाचीही नुरली इच्छा;
नको कृपा याहुन दुसरी;
तीर्थाटण मी करित पोचलों
नकळत शेवट तव दारीं.

तीरथयात्रा

तीरथ यात्रा करते करते, अनजाने
        औचक पहुँचा तेरे द्वार
पा गया देह में तेरी
        सब तीर्थों का सार।

अधरों पर, सखि, वृन्दावन
        प्रयाग तेरी पलकों में
माथे पर मानसरोवर
        अरु गंगोत्री ग्रीवा में।

गया तेरे गालों में समायी
        और काँधे रामेश्वर
मिली द्वारिका कटि पर तेरी
        श्रीकाशी है इधर उधर।

चाह मोक्ष की किसे रही अब
        चाहूँ कृपा न दूजी
तीरथयात्रा करते करते, अनजाने में
        औचक पहुँचा तेरे द्वार।

(अनुवाद : रेखा देशपांडे)

भावय

चखोट झालें पाउसपाणी;
सरलीं कामें; स्फुरलीं गाणीं.
भातावरतीं उठवित लाटा
लोळत जाई वारा मोठा;
कोंकणचा कंगाल कवी मग;
गेला शोधित देवळ लगबग.
भावय होती! चैतन्याचें
उठलें वादळ; वदवी वाचे :
—साधीभोळी ढोलाची लय—
'नाचा भावय! नाचा भावय!'

पोंभुर्ल्यातिल हा स्थानेश्वर,
सांब सदाशिव भोळा शंकर;
रुचेल त्याला अमुची भावय,
जी नच मानी जाती चें भय;
असली भावय नाचत असतां
एकच स्मरणें : आपण जनता,
जनता, जनता, जनता आपण;
अद्वैतांतच या नारायण.
तुडवूं मीपण; बनूं प्रेममय.
'नाचा भावय! नाचा भावय!'

चला वाढली ढोलाची लय,
लाल चिखल हा; लालच भावय.
भावय घुमली; झाली दाटी;
चला चला रे धरा चिकाटी;
भिडवा खांदे; मारा पक्कड;

भावय

खत्म काम है; उमड़े गाने
हैं झड़ी लगाती बरसातें
मँडरातीं तेज हवाएँ
बालियाँ धान की लहलह
कोंकण के कंगाल कवि तब
गया खोजने मन्दिर झटपट
हाँ, थी भावय! चेतनता का
तूफान उठा; मुख से निकली:
सीधी सादी ढोलक की लय—
नाचो भावय! नाचो भावय!

पोंभुर्ला की यह स्थानेश्वर,
सरल सदाशिव भोले शंकर;
भाये उसको अपनी भावय
जो माने ना जाति का भय;
जब भी नाचें इस भावय में
हम ही जनता; बात हृदय में,
जनता, जनता, जनता हैं हम;
इस अद्वैत में ही है नारायण,
रौंदें मैं-पन; बनें प्रेममय,
नाचो भावय! नाचो भावय!

लो, तेज हुई ढोलक की लय,
कीचड़ लाल; लाल ही भावय।
भावय गूँजी, भीड़ हो गयी;
चलो, न छोड़ो, लगन लग गयी;
भिड़ा लो कन्धे, पकड़ो कस कर।

अभेद्य घडवा छातीचा गड;
लढा, चढा, वा पडा बरोबर;
सर्वच मालक; कुणी न चाकर;
समान व्हा अन् व्हा मृत्युंजय,
'नाचा भावय! नाचा भावय!'

या चिखलाची लावुनि टिकली
विसरुनि जाऊं चिन्हें नकली;
माणुसकीचें बांधूं मंदिर,
आकाशाचें ज्यावर छप्पर;
बंधुत्वाचें एकच नातें
मानुनि पुजुंया नवमानवते;
अभिषेक धरूं स्वातंत्र्याचा;
मंत्र न दुसरा : प्रेमळ वाचा.
मानवतेचा बोला रे जय;
'नाचा भावय! नाचा भावय!'

मातींतुन या आलों सारे;
मातींतच अंतीं जाणें रे.
आधीं माती, माती शेवट;
कशास मग स्वार्थाची कटकट?
समतेच्या माहेरीं सारी
बंधुत्वाची गोड न्याहारी;
या मातीला ठेवुन साक्षी
चला बनूंया उडते पक्षी.
दुनिया अपुली; कशास संचय?
'नाचा भावय! नाचा भावय!'

सभोवतीं आंब्याची झाडी
त्यांतच दडली अमुची वाडी;
छोटे गोठे; घरें चिमुकलीं;
शाकारावर तिळयें फुललीं;
खळ्यांत इवलें अळें उगवलें;

अभेद्य बना लो छाती का का गढ़
लड़ो, चढ़ो या गिरो साथ में
भेद नहीं नौकर मालिक में;
बनो समान, बनो मृत्युंजय।
        नाचो भावय! नाचो भावय!

रख कीचड़ ये सरमाथे पर
नकली भेद सब चलो भुलाकर
मानवता का मन्दिर बनता,
बनकर छत है अम्बर तनता;
बन्धुता का एक ही नाता
वन्दनीय हो नव मानवता,
अभिषेक करें स्वतन्त्रता का;
मीठी वाणी, मन्त्र न दूजा।
मानवता की बोलो जय जय!
        नाचो भावया नाचो भावय!

इस मिट्टी से सबका आना;
माटी में ही है मिल जाना।
माटी आदि, माटी ही अन्त;
फिर क्योंकर स्वार्थ प्रपंच?
आस्वाद बन्धुता का चखने
बँधो समता के बन्धन में;
इस मिट्टी को रखकर साक्षी
आओ बनें हम उड़ते पाखी।
दुनिया अपनी; फिर क्यों संचय?
        नाचो भावय! नाचो भावय!

अमराई की है आड़ घनी
छिपी है जिसमें बस्ती अपनी;
बाड़े हैं छोटे; मामूली घर;
नन्हें फूल खिलते छप्पर पर;
क्यारियाँ छोटी अँगनों में;

मळ्यांत खालीं भात पसवलें;
खट्याळ ओढा झुंजत येई,
धोधो, खळखळ, झुळझुळ वाही;
हें काय कमी; भूच स्वर्गमय!
‘नाचा भावय! नाचा भावय!’

है फसल धान के खेतों में;
धुआँधार कलकल झरझर,
लपके झपटे नटखट निर्झर;
यह क्या कम है? भूमि हमारी स्वर्गमय!
नाचो भावय! नाचो भावय!*

(अनुवाद : स्मिता दात्ये)

---

* ***भावय :*** *कोंकण के पोंभुर्ला गाँव के ग्राम देवता हैं भगवान शिव, जिनका मन्दिर 'स्थानेश्वर' कहलाता है। बरसात के मौसम में किसी एक दिन जब जमकर वर्षा हो रही हो, सारे ग्रामवासी इस मन्दिर के सामने खुली जगह में एकत्र होते हैं। यह जगह लाल मिट्टी के कारण लाल कीचड़ से भरी होती है। वैसे तो इस गाँव में छुआछूत की प्रथा अत्यधिक मात्रा में प्रचलित है, परन्तु इस दिन सारा भेदभाव भूलकर सारे ग्रामवासी मिलकर इस लाल कीचड़ में पारम्परिक खेल और नृत्य का आनन्द उठाते हैं। सब लोग एक-दूसरे का हाथ पकड़कर, कन्धे से कन्धा मिलाकर खूब नाचते हैं। इस कार्यक्रम को 'भावय' कहा जाता है। विशेष बात यह है कि 'भावय' केवल इसी गाँव में प्रचलित है, कोंकण प्रदेश के अन्य गाँवों में नहीं।*

नुकतें नुकतें

नुकतें होतें नजरेंत तुझ्या
 दिसूं लागलें अवखळ पाणी;
नुकतीं होतीं तुझ्या जिभेवर
 नाचुं लागलीं अल्लड गाणीं;

नुकतें होते सुरू जाहले
 लाजेचे पदराशीं चाळे;
नुकतें नकळत वितळत होते
 भाव निरंकुश साधेभोळे;

नुकतें नुकतें होतिस शिकलिस
 ओठ दाबण्या दांतांखालीं!
नुकत्या नुकत्या मीही होतों
 जुळवित पहिल्यावहिल्या ओळी!

पहिल्यावहिल्या त्या ओळींतिल!
 कुणासही नच कांहीं रुचतें;
आठवतां पण त्या माझें मन
 मध्येंच झुरतें; मध्येंच फुलतें!

अभी अभी तो

नज़र में हिलोर शरारत की
    अभी तो लगी थी लहराने;
होठों पर थे लगे थिरकने
    अभी अभी तो अल्हड़ गाने;

अभी अभी तो शुरू किया था
    आँचल से खिलवाड़ लाज ने;
सीधे सादे भाव निरंकुश;
    अनजाने थे लगे पिघलने;

दाँतों से यों होठ दबाना
    अभी अभी सीखा था तुमने!
कच्ची पक्की अपनी तुकबन्दी
    अभी लगा था मैं भी रचने!

उस पहली तुकबन्दी में से
    कुछ भी न किसी को भाता है;
पर मेरा मन उसे याद कर
    कभी कसकता, खिल जाता है।

(अनुवाद : स्मिता दात्ये)

सरोज नवानगरवाली

वारावर जाण्याच्या वाटेवरतीं
सरोज राहत होती.
आठवते मज ती तिचि
जुन्या घराची
रंगवलेली खोली पडदेवाली;
जींत तिच्या त्या आयुष्याचीं अनेक वर्षें गेलीं.

रात्रीचा मी वारावर जातांना,
रोज दिसावें नयनां
दृश्य असें हें
—जें पाहत असतां मनांत भी लाजावें—
नेसुन नवटें पातळ,
आणिक सारित हातानें मउ कुंतल,
घालुनि नयनीं काजळ,
दावित मोहक नखरा,
किंचित दाबित अधरा,
आणिक खुणवित, उभी राहते वाट सदा ती पाहत.
वाट कुणाची?
उभ्या जगाची, जो जो येइल त्याची;
आणिक कोणी
टेकीत काठी,
घालुन पगडी मोठी,
मागें-पुढतीं पाहत,

सरोज नवानगरवाली

मेरे रोज़ के आने-जाने के रस्ते पर
पड़ता था सरोज का घर।
याद है मुझे वह उसका
पुराने घर का
लिपा-पुता कमरा, परदा टँगा;
जिसमें उसके उस जीवन के अनेक वर्ष बीते।

रात में जब गुज़रता मैं उस रस्ते से,
रोज़ दिखाई देता
दृश्य ऐसा
देख जिसे मन ही मन मैं लज्जित हो उठता—
लपेट कर नखरीला आँचल,
समेटती हाथों से मृदुल कुन्तल,
आँज कर नयनों में काजल,
मोहक नखरे दिखलाती,
हल्के से होठ दबाती, और करती हुई इशारे,
खड़ी दीखती वह सदा प्रतीक्षारत!
प्रतीक्षा किसकी?
सारे जग की, जो भी आए बस उसी की;
तब कोई —
छड़ी टिकाता,
बड़ी-सी पगड़ी पहने,
देखता इधर-उधर,

हळूच शिरतो खोलिंत खोकत खोकत.
सरोज सरते पुढतीं.
हात तिचे मग दारें लावुन घेती.

नंतर आंतुन
नाद जरासा येई नाणें वाजुन.

सकाळचा मी वारावर जातांना
रोज दिसावें नयनां
दृश्य निराळें
—जें पाहत असतां यावे हृदयिं उमाळे—
त्या दारांतच,
त्याच ठिकाणीं,
सरोज येउन बसते.
निवडित असते तांदुळ पेंगत पेंगत.
काळे, कोमल, विस्कटलेले कुंतल
पाठीवरतीं लोळत,
आणिक कुरळे
गालावरतीं खेळत.
सूप पुढें पडलेलें;
मलूल, चंचल डोळे
निवडित असती जाडेभरडे तांदुल;
आणिक वाहत त्यांतच
नयानांतिल पाण्याचे शीतळ ओघळ.

चुपके से घुसता कमरे में खाँसते हुए।
सरोज बढ़ती आगे।
हाथ उसके तब बन्द कर देते द्वार।

फिर भीतर से आती हल्की खनक
सिक्कों की!

सुबह उसी रास्ते से गुज़रते हुए
रोज़ दिखाई देता
अलग ही दृश्य
देख जिसे भर आता हृदय—
उसी द्वार में,
उसी जगह पर,
बैठती सरोज आकर।
ऊँघते ऊँघते बीनती चावल।
काले, कोमल बिखरे कुन्तल
पीठ पर क्रीडा करते,
लटें घुँघराली
खेलतीं गालों पर।
सामने पड़ी चलनी
थकी आँखें चंचल
बीनती जातीं मोटे चावल
साथ ही बहती जाती
नयन जल की धार शीतल।

(अनुवाद : स्मिता दात्ये)

कसा मी कळेना!

कधीं येतसे क्षुद्रता कस्पटाची;
कधीं वाढतां वाढतां व्योम व्यापीं.
कधीं धांवतों विश्व चुंबावयाला;
कधीं आपणाला स्वहस्तेंच शापीं.

कधीं याचितों सत्; कधीं स्वप्न याचीं;
कधीं धांवतों काळ टाकून मागें.
कधीं वर्षतों अमृताच्या सरी अन्
कधीं मृत्युची भाबडी भीक मागें.

कधीं दैन्यवाणा, निराधार होई;
कधीं गूढ़, गंभीर, आत्मप्रकाशी;
कधीं गर्जतों सागराच्या बळानें;
कधीं कांपतों बोलतां आपणाशीं!

कधीं आपणां सर्व पिंडांत शोधीं;
कधीं पाहतों आत्मरूपांत सारें;
कधीं मोजितों आपणाला अनंते
अणूरूप होती जिथें सूर्य, तारे.

टळेना अहंकार साध्य कृतीचा;
गळेना महापुच्छ स्वार्थी स्मृतीचें;
कधीं घेतसें सोंग तें सत्य वाटे!
कधीं सत्य तें वाटतें सोंग साचें!

कधीं संयमी, संशयात्मा, विरागी;
कधीं आततायी; कधीं मत्तकामी;
असा मी...तसा मी...कसा मी कळेना;
—स्वतःच्या घरीं दूरचा पाहुणा मी!

...कैसा, न जानूँ!

कभी कभी तो मैं तिनके-सा ओछा
कभी बढ़ते-बढ़ते आसमाँ समेटूँ
कभी विश्व को चूमने बढ़ जाऊँ
कभी आप ही को अपने हाथों सरापूँ।

कभी माँगूँ सत् तो कभी स्वप्न माँगूँ
कभी छोड़ पीछे ज़माने को, दौड़ूँ
कभी मैं अमृत की वर्षा कराऊँ
मृत्यु की भीख भोली कभी माँग बैठूँ।

कभी हीन-दीन मैं, बहुत बेसहारा
कभी अपने आलोक से जगमगाता
कभी गरज उठता हूँ सागर के जैसा
कभी अपनी ही बात से काँप जाता।

कभी ढूँढ़ता अपने आप को सभी में
कभी अपने आप में सभी को हूँ पाता
जहाँ सूर्य-तारे हैं अणुरूप होते,
वहीं पर मैं खुद को अनन्त से हूँ नापता।

ज़रा-सी बात पर अहंकार होता
ख़ुदगर्ज़ यादों का पीछा न छुटता
कभी स्वाँग अपना मैं सच मान बैठूँ
कभी सत्य को स्वाँग मैं मान लेता।

कभी संयमी, संशयात्मा, विरागी
कभी आततायी, लिये दुरभिमान मैं
ऐसा मैं...वैसा मैं...कैसा, न जानूँ
अपने ही घर, दूर का मेहमान मैं।

(अनुवाद : रेखा देशपांडे)

तेंच तें

सकाळपासून रात्रीपर्यंत
तेंच तें! तेंच तें!

माकडछाप दंतमंजन;
तोच चहा, तेंच रंजन;
तींच गाणीं, तेच तराणे;
तेच मूर्ख, तेच शहाणे;
सकाळपासून रात्रीपर्यंत
तेंच तें! तेंच तें!

खानावळीही बदलून पाहिल्या;
(जीभ बदलणें शक्य नव्हतें!)
'काकू' पासून 'ताजमहाल'
सगळीकडे सारखेच हाल.
नरम मसाला, गरम मसाला;
तोच तो भाजीपाला;
तीच तीच खवट चटणी;
तेंच तेंच आंबट सार;
सूख थोडें; दुःख फार!

संसाराच्या वडावर
स्वप्नांचीं वटवाघुळें!
या स्वप्नांचे शिल्पकार
कवी थोडे; कवडे फार.
पडद्यावरच्या भूतचेष्टा;
शिळा शोक, बुळा विनोद;

वही, वैसा ही

सुबह से रात तक
वही, वही! वैसा ही!

बन्दरछाप दन्तमंजन;
वही चाय, वही रंजन;
वे ही गाने, वे ही तराने;
वे ही मूर्ख, वे ही सयाने;
सुबह से रात तक
वही, वही! वैसा ही!

भोजनघर भी बदलकर देखे;
(जीभ बदलना सम्भव नहीं था!)
'चाची' हो या 'ताजमहल'
सबका हाल एक सा था।
नरम मसाला, गरम मसाला;
वही वही साग सब्जी;
वही बदबूदार चटनी;
वही, वैसा ही खट्टा रसा;
दुख बहुत, सुख ज़रा सा!

संसार के बरगद पर
स्वप्नों के चमगादड़
इन स्वप्नों के शिल्पकार
कवि कम, ज्यादा तुकबन्दक!
परदे पर की उछलकूद
शोक बासी, चुटकुला नपुंसक;

भ्रष्ट कथा, नष्ट बोध;
नऊ धागे, एक रंग;
व्यभिचाराचे सारे ढंग!

पुन्हां पुन्हां तेच भोग;
आसक्तीचा तोच रोग.
तेंच 'मंदिर,' तीच 'मूर्ति';
तींच फुलें,' तीच 'स्फूर्ति';

तेच ओठ, तेच डोळे;
तेच मुरके, तेच चाळे;
'तोच पलंग', तीच 'नारी';
—सतार नव्हे, एकतारी!

करीन म्हटलें आत्महत्या;
रोमिओची आत्महत्या;
दधिचीची आत्महत्या
आत्महत्याही तीच ती!
आत्माही तोच तो;
हत्याही तीच ती;
कारण जीवनही तेंच तें!
आणि मरणही तेंच तें!

भ्रष्ट कथा, नष्ट बोध;
नौ धागे, एक रंग;
व्यभिचार के सारे ढंग!

बार बार वे ही भोग;
आसक्ति का वही रोग।
वही मन्दिर, वही 'मूर्ति';
वे ही 'फूल', वही 'स्फूर्ति';

वे ही होठ, वे ही आँखें;
वे ही लटके, वे ही नखरे;
'वही पलंग', वही 'नारी';
—सितार नहीं, इकतारी!

करनी चाही आत्महत्या;
रोमियो की आत्महत्या;
दधीचि की आत्महत्या!
आत्महत्या भी वही!
आत्मा भी वही;
हत्या भी वही;
क्योंकि जीवन भी वही!
और मरण भी वही!

(अनुवाद : स्मिता दात्ये)

माझ्या मना बन दगड

हा रस्ता अटळ आहे!
अन्नाशिवाय, कपड्याशिवाय,
ज्ञानाशिवाय, मानाशिवाय.
कुडकुडणारे हे जीव
पाहू नको! डोळे शीव!
नको पाहू जिणे भकास;
ऐन रात्री होतील भास;
छातीमध्ये अडेल श्वास.
विसर यांना, दाब कढ;
माझ्या मना बन दगड!

हा रस्ता अटळ आहे!
ऐकू नको हा आक्रोश,
तुझ्या गळ्याला पडेल शोष.
कानांवरती हात धर,
त्यातूनही येतील स्वर.
म्हणून म्हणतो ओत शिसे;
संभाळ, संभाळ, लागेल पिसे!
रडणाऱ्या, रडशील किती?
झुरणाऱ्या, झुरशील किती?
पिचणाऱ्या, पिचशील किती?
ऐकू नको असला टाहो;
माझ्या मना दगड हो!

मेरे मन पत्थर बन

यह रास्ता अटल है!
अन्न बिना, वस्त्र बिना;
ज्ञान बिना, मान बिना।
ठिठुराए यह जीव
देख मत! आँखें सी ले!
मत देख जीना उदास
ऐन रात होंगे आभास
सीने में रुक जाएगा श्वास
भूल इन्हें, दबा उबाल;
मेरे मन, पत्थर बन!

यह रास्ता अटल है!
मत सुन यह आक्रोश,
तेरा गला जाएगा सूख।
कानों पर हाथ धर
उससे भी आएँगे स्वर।
इसलिए कहता सीसा उँडेल;
सँभल-सँभल, हो जाएगा पागल!
रोने वाले, रोएगा कितना?
कुढ़ने वाले, कुढ़ेगा कितना?
दबने वाले, दबेगा कितना?
मत सुन, ऐसा क्रन्दन;
मेरे मन, पत्थर बन!

हा रस्ता अटळ आहे!
येथेच असतात निशाचर
जागोजाग रस्त्यावर.
असतात नाचत काळोखात;
हसतात विचकुन काळे दात;
आणि म्हणतात, 'कर हिंमत,
आत्मा वीक, उचल किंमत!
माणूस मिथ्या, सोने सत्य;
स्मरा त्याला, स्मरा नित्य'
भिशील ऐकून असले वेद;
बन दगड़ नको खेद!

बन दगड आजपासून;
काय अडेल तुझ्यावाचून;
गालावरचे खारे पाणी
पिऊन काय जगेल कोणी?
काय तुझे हे निःश्वास
मरणाऱ्यांना देतील श्वास?
आणिक दुःख छातीफोडे,
देईल त्यांना सूख थोडे?
आहे दुःख तेच फार;
माझ्या मना कर विचार;
कर विचार : हस रगड;
माझ्या मना बन दगड!

हा रस्ता अटळ आहे!
अटळ आहे घाण सारी;
अटळ आहे ही शिसारी.
एक वेळ अशी येईल
घाणीचेच खत होईल!
अन्यायाची सारी शिते
उठतील पुन्हा; होतील भुते.
या सोन्याचे बनतील सूळ!

यह रास्ता अटल है
यहीं रहते हैं निशाचर
जगह-जगह राहों पर
अँधेरे में करते नाच,
हँसते बिचकाते काले दाँत;
और कहते, 'कर हिम्मत,
आत्मा बेच, उठा कीमत!
मनुष्य मिथ्या, सोना सत्य;
स्मरो उसे, स्मरो नित्य'
सुन चकराएगा ऐसे वेद;
पत्थर बन, न कर खेद!

आज से पत्थर बन
क्या रुकेगा तेरे बिन;
गाल पे ढलका खारा पानी
पीकर किसे मिली ज़िन्दगानी?
क्या तेरे ये निःश्वास
मरने वालों को देंगे श्वास?
और दुःख छाती फोड़ें
देंगे उन्हें सुख थोड़े?
है दुःख वही अपार,
मेरे मन, कर विचार
कर विचार, लगा ठहाका;
मेरे मन, पत्थर बन!

यह रास्ता अटल है!
अटल है गन्दगी सारी,
अटल है यह घिन सारी,
एक समय ऐसा आएगा
गन्दगी का खाद बन जाएगा!
अन्याय के सारे दाने
उठेंगे फिर; बनेंगे भूत।
इस सोने की बनेगी सूली,

सुळी जाईल सारे कूळ.
ऐक टापा! ऐक आवाज!
लाल धूळ उडते आज;
याच्यामागून येईल स्वार;
या दगडावर लावील धार!
इतके यश तुला रगड;
माझ्या मना बन दगड!

चढ़ेगा सूली, सारा कुल!
सुनो टाप! सुनो आवाज़!
लाल धूल उड़ती आज;
इसके बाद आएगा सवार,
इस पत्थर पर लगाएगा धार!
इतने यश, तुझे बहुत,
मेरे मन, पत्थर बन!

(अनुवाद : दामोदर खड़से)

धोंड्या न्हावी

कधीं कधीं मी
कोंकणांतल्या गांवीं गेल्यानंतर
जुन्या स्मृतींच्या गांधीलमाशा मजला येउन डसती,
आणिक मजला धोंड्या न्हाव्याच्या गमती आठवती.

धोंड्या न्हावी—
दोन कुडव भाताच्यासाठीं
करी हजामत सगळी अमुच्या घरचीं;
दादांचा तुळतुळीत चंपीगोटा,
गजाननाची ताळू राखून शेंडी,
आणिक माझा 'कराप' अस्सल शहरी
अथवा दाढी (चुकवुन चांबखिळांना).

धोंड्या न्हावी—
महिन्यांतुन कधीं तरि
हळूच येतो अमुच्या मागिलदारीं;
आणिक नंतर,
खोपटिच्या माघारीं जाउन करितो अद्‌भुत कांहीं,
जें न कुणींहीं आम्हां पाहूं देई.

धोंड्या न्हावी—
चहा न घेई चक्रम!
आहार त्याचा भक्कम;
जेवण देण्यापेक्षां
परवडतें आम्हांला देणें त्याला उचलुन रक्कम!
जेव्हां त्याला मध्येंच फुरसत होई

धोण्ड्या नाई

कभी कभी मैं
कोंकण के अपने गाँव जब जाता हूँ
पुरानी स्मृतियों की ततैया आकर मुझको डस जाती हैं
और मुझे धोण्ड्या नाई की बातें मज़े की याद आती हैं।

धोण्ड्या नाई —
दो पँसेरी धान की खातिर
करता हजामत सारे घर की;
दादाजी का चिकना मुण्डन सफाचट,
गजानन की गोल चोटी रखना
और 'क्रॉप' मेरा असली शहरी
या फिर दाढ़ी (बचाकर मस्सों को)।

धोण्ड्या नाई —
महीने में कभी तो
चुपचाप आ जाता है पिछवाड़े;
और फिर,
मड़ैया के जाकर पीछे करता है कुछ अज़ीब-सा
जो हमें न कोई देखने देता।

धोण्ड्या नाई —
घनचक्कर, चाय नहीं पीता था!
आहार ही उसका तगड़ा होता था;
खाना देने से तो
रोकड़ा देना हमें किफ़ायती लगता था!
जब कभी उसे मिल जाती थी फुरसत

‘खंड्या’ रेडा आणिक ‘चांदी’ म्हैस खरडुनी जाई;
या कामास्तव त्याला न्हेरी मिळते.
निव्वळ त्याची न्हेरी
—म्हणते आई—म्हणजे एक दुशेरी!

धोंड्या न्हावी—
‘म्हण्जे निव्वळ फत्तर,’
म्हणती आमुचे दादा,
‘एका वर्षामध्यें
लागोपाठ तयाचे
पोर वारले पटकीनें चौघेजण;
अमुचा हा धोंड्या पण
आहे तैसा आहे! बदल न बिलकुल;
एक असे मागें उचलाया तोंवर
मेला म्हणजे सुटला म्हणतों मी तर!’

धोंड्या न्हावी—
हजामतिस आल्यावर
पैसे-वसुलीसाठीं
विष्णू वाणी त्याला येउन गांठी.
करुनी थोडी थट्टा
सुरू करी तो तोंडाचा मग पट्टा :
‘शरम् तुका थोडी तरि;
चार दिसाचो करून् वायदो, धोंड्या,
पोरासाठी रुपये नेलस् तेरा
आणिक् त्येका झाले चौदा महिने!
मुद्दल् जळ्ला म्हण्तय्;
निदान देशी व्याजाच्यो दिड्क्यो तरि!
काका खोत नव्हे मी!
मी हय् विष्णू वाणी.
पैसे आणून दे नी
घेउन जा ही नंतर् आप्ली धोक्टी.’

'खण्ड्या' भैंसे और 'चाँदी' भैंस को ऐसे ही मूँड़ जाता था;
इस काम के बदले उसे मिलता था नाश्ता
नाश्ता ही बस
माँ कहा करती—दो सेर से कम नहीं होता था!

धोण्ड्या नाई —
'धोण्ड्या बोले तो खालिस पत्थर है'
कहते थे दादाजी हमारे,
'एक बरस में
लगातार उसके
बच्चे चार मर गये हैज़े से;
लेकिन यह धोण्ड्या अपना
जैसा था वैसा है! बदलाव नहीं कुछ;
जब तक बाकी एक बचा है
अर्थी उसकी उठाने को
मैं कहता हूँ तर जाएगा, मर जाये तो!'

धोण्ड्या नाई —
हजामत करने बैठ जाता है तब
बनिया विष्णु आकर उसको पकड़ लेता है।
मज़ाक थोड़ा-सा करने पर
शुरू कर देता है वह मुँह चलाना :
'शरम तुझको थोड़ी-सी भी;
चार दिन का वादा किया था धोण्ड्या तूने,
बच्चे के लिए रुपये ले गया तेरह
और अब इस बात को महीने हो गये चौदह!
मैं कहता हूँ मूल को तो जाने दो,
कम से कम ब्याज की कौड़ियाँ तो दे दो!
मैं कोई काला खोत नहीं हूँ!
मैं हूँ बनिया विष्णु!
रुपये लाकर दे और
फिर ले जा किसबत अपनी।'

धोंड्या न्हावी—
हात चिव्याचे नाकापुढती जुळवुन
परत म्हणतसे,
'सावकारानूं!
द्येवासारे तुम्मी.
पोर वाचलो हो तुम्च्या पैशावर
त्ये पैसे मी फेडिन् साक्षी ईश्वर,
झिलाक लिव्लां होतां 'पैसे पाठव'
—लिव्णारो हो तुम्चो पांडूमास्तर
त्येका तुम्ही विचारा—
ल्येकाकड्सुन् तुम्चे
पैसे नाय इले तर
'भोरो' रेडो यिकीन येव्डी नांगरणी झाल्यावर.'

इतक्यामध्यें
सदरा काढुन
खुंटीवरती ठेवित,
आणिक धोंदाखालीं
सरकत आलेलें खोचण वर ओढित,
दाढीवरती फिरवित हात मजेनें
काका खोत म्हणतसे,
'धोंड्या, अरे हरामा,
हा रेडा तूं विकणार तरी कितिदां?
माझ्या व्याजासाठीं
देइन म्हणुनी कालच मजला म्हणशी;
आणिक गद्धया!
अगदीं माझ्यादेखत
तेंच सांगशी या विष्णू वाण्याला!'

धोंड्या न्हावी—
जातीचा ममताळु;
परंतु देशी हत्यारें तीं भेसुर!
अगदीं पहिल्यापासुन

धोण्ड्या नाई —
खपच्ची जैसी अपनी बाँहों को नाक के पास जोड़कर
फिर कहता,
'साहूकार जी!
आप सब तो भगवान हैं जी,
आपके रुपयों से ही तो बच्चा बच रहा
साक्षी है ईश्वर, इन रुपयों को तो मैं चुकाऊँगा ही,
बेटे को लिखी थी चिट्ठी, 'भेज दे रुपये'
—आपके पाण्डु मास्टर ने ही तो लिख दी थी
आप चाहें तो पूछ लें उनसे—
बेटे की ओर से आपके
नहीं आये रुपये तो
'भोरो' भैंसे को बेच डालूँगा अबकी जोत के बाद।'

और तभी
कमीज उतारकर
खूँटी पर टाँगते हुए
और तोंद के नीचे
खिसकी धोती को ऊपर खींचते,
दाढ़ी पर हाथ फेरते मज़े से
काका खोत कह देता,
'धोण्ड्या, अरे हरामी,
इस भैंसे को तू बेचेगा कितनी दफा?
मेरा ब्याज चुकाने
कल ही तूने वायदा किया था इसे देने का;
और गदहे!
ठीक मेरे सामने
वही कहता है तू विष्णु बनिये से!''

धोण्ड्या नाई —
तबियत से ही दयालु;
लेकिन उसके हथियार देसी भयंकर!
बहुत पहले से ही

माझ्यावरती त्याची खूपच माया.
मुंजीमधला गोटा करतांना मम
कुरवाळित डोक्याला (खरजटलेल्या),
घालित होता हळूच हलके फुंकर.
मानेवरचें तासकाम करतांना
सुसह्य सारें मजला व्हावें म्हणुनी
होता सांगत जुन्या काळच्या गोष्टी गमती नाना;
मुंजे आणिक समंध यांचा त्याचा परिचय मोठा!
भीतिकथा त्या ऐकत असतां कधींच होई गोटा.

धोंड्या न्हावी—
म्हणजे विचित्र प्राणी.
गांधिवधाच्या नंतर
लगेच दुसऱ्या दिवशीं
दाढी करतां करतां
हलक्या आवाजांत मला तो गंभीरपणें म्हणतो,
'गांधी म्येलो म्हणतात्;
लय् लय् मनांत व्होतां
या बाजुक् येतो तर
फुकट् करूची त्योची एक हजामत्.'
ब्राह्मण होते भवतीं
परंतु त्यांना नव्हती
हसण्या-रडण्याची उरलेली हिंमत.
(हसणें-रडणें मुळांत एकच; अश्रूंतिल ही गंमत.)

धोंड्या न्हावी—
गेल्या वर्षीं मेला आणिक सुटला;
कोसळलें घर; उभी असे पडवी पण!
जनी बिचारी—जी त्याची मागारिण—
त्यांतच खाते उकडुन;
'मामा न्हेवुन् जितीच जाळा,' म्हणते;
भांडीं घासत असते;
खाते;

मुझसे ममता करता था,
जनेऊ में मुण्डन मेरा करते हुए
सहलाता था सिर को मेरे (खुजली भरे),
और फूँक देता था धीरे से,
गरदन पर तराशकारी करते हुए
सहन कर पाऊँ मैं इसीलिए
पुराने ज़माने की बातें मज़े-मज़े की बताया करता
भूतों और ब्रह्मराक्षसों से उसका परिचय था पुराना!
भयकथाओं को सुनते हुए पता नहीं चलता था सिर का मूँड़ा जाना।

धोण्ड्या नाई—
जीव अज़ीबोगरीब था,
गाँधी वध के बाद
तुरत ही दूसरे दिन
दाढ़ी बनाते बनाते
हलके-से उसने मुझसे कहा गम्भीर होकर,
'कहते हैं गाँधी मर गया;
बड़ी तमन्ना थी
इस तरफ़ आ जाता तो
फोकट में कर देता उसकी हज़ामत!'
आसपास ब्राह्मण थे
लेकिन उनमें बची नहीं थी
हँसने-रोने की हिम्मत!
(हँसना-रोना मूलतः एक ही हैं; आँसू की यही बात तो मज़े की।)

धोण्ड्या नाई —
मर गया पिछले बरस और मुक्त हो गया;
गिर गया मकान; ओसारा लेकिन बचा रहा!
जनानी बेचारी—घरवाली उसकी—
उसी में खाती है उबालकर;
कहती : 'मुझे ले जाकर जिन्दा ही जला दो!'
बरतन माँजती रहती है;
खाती है;

निजते;
उठते;
न कळे भिते कशाला,
कधीं न शिवते धोंड्याच्या धोक्टीला!
पडवींतिल एकुलत्या खुंटीभवतीं
पिळवटुनी पिळवटुनी
अपुल्या पट्टयाचा घालुनियां विळखा
धोक्टी घेत विसावा;
डोकें टेकुन झिजक्या पाजळण्यावर
हत्यारेंही निजलीं सारी त्यांतच होउन जर्जर!

धोंड्या न्हावी—
'धोंड्या म्हणजे निव्वळ काळा फत्तर',
अजुन कोणी म्हणती,
नव्हती त्याला संसारांतिल अक्कल.
धोंड्या गेला, सुटला.
कशास मजला चिंता?
माझ्याही डोक्याला आतां पडलें विस्तृत टक्कल!

सोती है;
जाग जाती है;
पता नहीं किस बात से डरती है,
धोण्ड्या की किसबत को हाथ कभी नहीं लगाती है!
ओसारे की एक अकेली खूँटी पर
अपने पट्टे को लपेटकर
किसबत करती है आराम;
सान चढ़ाने की चमड़ी पर रखकर सिर
हथियार भी सो गये हैं उसमें होकर जर्जर!

धोण्ड्या नाई —
'धोण्ड्या बोले तो बस काला पत्थर।'
और कुछ यह भी कहते,
अक्ल नहीं थी उसे गिरस्ती चलाने की।
धोण्ड्या चल बसा, मुक्त हो गया।
ज़रूरत क्या मुझे फिक्र करने की
मेरे सिर की शक्ल अब हो गयी है बड़े चाँद-सी!

(अनुवाद : निशिकांत ठकार)

यंत्रावतार

ये यंत्रा ये!
सस्यशामला सृष्टीला आलिंगुन
समाजपुरुषानें जें केलें मैथुन
त्या उत्कट सुरतांतिल
विज्ञानात्मक दाहक वीर्यापासुन
पिंड जयाचा बनलेला पोलादी,
त्या अवतारी यंत्रा!
युगधर्माचें ये करण्या संवर्धन.
ये ये घेउन क्रांतीच्या वेणांना,
इतिहासाच्या गर्भाला विच्छेदुन,
त्रिविक्रमाच्या अकराव्या अवतारा!

ये यंत्रा ये!
आकाशाला वाचा फोडित फोडित
क्षुब्ध क्षुधेची शक्ती आली जयजयकार पुकारित;
पोटावरतीं हाडें बडवुन देत खडी ललकारी;
'या यंत्राचा स्वीकार करा;
या यंत्राचा सत्कार करा;
या यंत्राचें वेदोक्त करा पूजन;
साम्यवेद हा पंचमवेद म्हणा रे!
अग्निकळी ही लाल ध्वजा ही, यंत्रशिरीं चढवा रे.
अग्निकळी ही—
पिळलेल्यांच्या पोटांमधल्या अग्नीची ही ज्वाळा;
पददलितांच्या डोळ्यांमधल्या क्रोधाची ही लाली;
प्रगतीला नीतीनें लावियलेला कुंकमतीलक.
या यंत्राचा स्वीकार करा;

यन्त्रावतार

आओ हे यन्त्र, आओ!
शस्यश्यामला सृष्टि को गले लगा
समाजपुरुष ने जो मैथुन किया
उस उत्कट सुरत के
विज्ञानात्मक दाहक वीर्य से
फ़ौलादी जिसका पिण्ड बना
वह तुम अवतारी यन्त्र!
युगधर्म का संवर्धन करने आओ
आओ, क्रान्ति की प्रसववेदनाओं को लेकर आओ
इतिहास के गर्भ का कर विच्छेद
त्रिविक्रम के ग्यारहवें हे अवतार!

आओ हे यन्त्र, आओ!
आकाश की आवाज़ को बुलन्द करती हुई
क्षुब्ध क्षुधा की शक्ति आ गयी जय-जयकार पुकारती;
पेट पर हड्डियों को पीट कर ललकारती है ऊँचे स्वर में;
'इस यन्त्र को स्वीकार करो;
इस यन्त्र का सत्कार करो;
इस यन्त्र का वेदोक्त करो पूजन;
साम्यवेद का पंचम वेद कहो रे!
अग्निकलिका यह, लाल ध्वजा यह, इसे यन्त्र के सिर पर चढ़ाओ
अग्निकलिका यह—
शोषितों के पेट की अग्नि की ज्वाला;
पद-दलितों की आँखों के क्रोध की यह लाली;
नीति का प्रगति को लगाये कुंकुम तिलक।
इस यन्त्र को स्वीकार करो;

या यंत्राचा सत्कार करा;
अग्निकळी ही चढवा या यंत्रावर;
या या पामर; व्हा आतां परमेश्वर.
स्वर्गंगेचा पट्टा चढवुन ब्रम्ह्याच्या चक्रावर
या यंत्राचा स्वीकार करी विश्वविधाता ईश्वर!'

ये यंत्रा ये!
ये ये घडवित सृष्टी;
ये ये सुखवित कष्ठी;
ये ये होउन ब्रह्मा, विष्णू, शंकर;
ये उच्चारित वेद नव्या रचनेचे;
ये ये फिरवित अपुलें चक्र सुदर्शन;
ये ये नाचत युगप्रवर्तक तांडव;
ये ये टाकित वाफेच्या फूत्कारा;
ये ये फिरवित नेत्रांतून विजांना;
ये ये तोडित अणू-अणूच्या बेड्या;
शक्तीच्या सम्राटा!
चिरशांतीच्या भाटा!
ये ये हुडकित दडलेल्या मंत्रांना;
मानवतेला दे ज्ञानांतुन मुक्तीचा नजराणा!
ये यंत्रा! ये यंत्रा!
'खड खड खड खड खड खड'
चिरडित ये, भरडित ये
कुजलेल्या हाडांना;
अस्थिपिठानें पोषित
नव बीजें, नव अंकुर!
'धिक धिक धिक धिक धिक धिक'
घोर रवें धिक्कारित
सडलेलें, झडलेलें!
'धड धड धड धड धड धड'
मंत्रबळें उद्घोषित
सृजनात्मक रचनेला!

इस यन्त्र का सत्कार करो;
अग्निकालिका को चढ़ाओ इस यन्त्र पर
आओ, आओ हे पामर; अब बन जाओ परमेश्वर।
स्वर्गंगा का पट्ट ब्रह्म के चक्र पर चढ़ाकर
इस यन्त्र को स्वीकार करता है विश्वविधाता ईश्वर!

आओ, हे यन्त्र आओ!
आओ, सृष्टि को रचते हुए आओ;
आओ, दुखियों को सुख देते आओ;
आओ, ब्रह्मा विष्णु शिव होकर आओ;
आओ, नवीन रचना के वेदों का उच्चार करते आओ;
आओ, घुमाते अपना चक्र सुदर्शन आओ;
आओ आओ, नाचते हुए युगप्रवर्तक ताण्डव;
आओ आओ, भाप के फूत्कारों को फेंकते हुए;
आओ आओ, आँखों से बिजलियों को चमकाते हुए;
आओ आओ, अणु-अणु की बेड़ियों को तोड़ते हुए;
शक्ति के हे सम्राट!
चिर शान्ति के हे भाट!
आओ आओ, ढूँढ़ते हुए छिपे मन्त्रों को;
मानवता को दो ज्ञान द्वारा मुक्ति का नज़राना!
आओ यन्त्र! आओ यन्त्र!
'खड़ खड़ खड़ खड़ खड़'
कुचलते हुए आओ, दनदनाते हुए आओ,
सड़ी-गली हड्डियों को;
अस्थि-आटे से पोषित
नये बीज, अंकुर नये!
'धिक धिक धिक धिक धिक धिक'
सड़ गया, झड़ गया जो उसे
घोर नाद से धिक्कारते हुए!
'धड़ धड़ धड़ धड़ धड़ धड़'
मन्त्रबल से उद्घोषित करते हुए
सृजनात्मक रचना को!

ये यंत्रा! ये यंत्रा!
मंत्रांना विजया करित,
स्वप्नांना स्वीकारित!
उच्चारित! आकारित!
ये यंत्रा! ये यंत्रा!
जाळित ये, क्षाळित ये,
भक्षित ये, रक्षित ये,
तोडीत ये, जोडित ये
कापित ये, पेरित ये,
रडवित ये, हंसवित ये,
कुळवित ये, फळवित ये,
हाकारित लाल शिडें
लाल लाल दर्यावर
लाल लाल क्षितिजांतुन
ये यंत्रा! ये यंत्रा!

मंत्रांना सार्थ करित
स्वप्नांना स्वीकारित
उच्चारित, आकारित,
ये यंत्रा! ये यंत्रा!
संहारित नवदानव,
निर्मित ये नवमानव,
उद्घोषित नवमूल्यें,
उद्घोषित क्रान्तिपाठ

पृथिवीक्रान्तिरंतिरिक्षँक्रान्तिद्यौः क्रान्तिर्दिशः क्रान्तिरवांतरदिशाः क्रान्तिरग्निः क्रान्तिर्वायुः क्रान्तिरादित्यः क्रान्तिश्चन्द्रमाः क्रान्तिर्नक्षत्राणि क्रान्तिरापः क्रान्तिरोषधयः क्रान्तिर्वनस्पतयः क्रान्तिर्गौः क्रान्तिरजा क्रान्तिरश्वः क्रान्तिः पुरुषः क्रान्तिर्ब्रह्म क्रान्तिर्ब्राह्मणः क्रान्तिः क्रान्तिरेव क्रान्तिर्मे अस्तु क्रान्तिः

ॐ क्रान्तिः क्रान्तिः क्रान्तिः।

आओ यन्त्र! आओ यन्त्र!
मन्त्रों की विजय करते हुए
स्वप्नों को स्वीकार करते हुए!
उच्चार करते हुए! आकर देते हुए!
आओ यन्त्र! आओ यन्त्र!
जलाते हुए आओ, धुलाते हुए आओ,
भक्षण करते हुए आओ, रक्षण करते हुए आओ,
तोड़ते हुए आओ, जोड़ते हुए आओ,
काटते हुए आओ, बोते हुए आओ,
पटेला चलाते आओ, अँडराते आओ,
लाल पालों को
खोलते हुए
लाल लाल सागर पर
लाल लाल क्षितिज से
आओ यन्त्र! आओ यन्त्र!

मन्त्रों को अर्थवान करते हुए
स्वप्नों को स्वीकार करते हुए
उच्चार करते हुए, आकार देते हुए,
आओ यन्त्र! आओ यन्त्र!
नवदानवों का करते हुए संहार
नव मानवों का करते हुए निर्माण
उद्घोष करते हुए नवमूल्यों का
उद्घोष करते हुए क्रान्तिपाठ का—
पृथिवीक्रान्तिंरंतिरिक्षँक्रान्तिद्यौः क्रान्तिर्दिशः क्रान्तिंरवांतरदिशाः क्रान्तिरग्निः
क्रान्तिर्वायुः क्रान्तिंरादित्यः क्रान्तिश्चन्द्रमाः क्रान्तिंर्नक्षंत्राणि
क्रान्तिरापः क्रान्तिरोषंधयः क्रान्तिर्वनस्पंतयः क्रान्तिर्गौः क्रान्तिंरजा
क्रान्तिरश्वः क्रान्तिः पुरुंषः क्रान्तिर्ब्रह्म क्रान्तिंर्ब्राह्मणः क्रान्तिः क्रान्तिंरेव क्रान्तिर्मे
अस्तु क्रान्तिंः
ॐ क्रान्तिः क्रान्तिः क्रान्तिः।

(अनुवाद : निशीकांत ठकार)

हे आइन्स्टीन!

हे आइन्स्टीन!
तूं आहेस
चैतन्यसृष्टीचा
आमच्या जगांतील
एकमेव उपासक;
तुझी दृष्टि
आहे स्थिरावली
अंतिम सत्यावर;
आहे तुझीच
अदृष्टाला
स्पष्ट करणारी
प्रगाढ़ प्रज्ञा
जिनें दिला
मानवी मनाला
'सोऽहम्' चा साक्षात्कार!

हे आइन्स्टीन!
दोन युद्धांचीं!
वेडीं वादळें
आपटून गेलीं
तुझ्या खिडकीवर;
नाहीं हालली
तुझी ज्योत!
आणि म्हणूनच
तिच्यां धुराचे

हे आइन्स्टीन!

हे आइन्स्टीन!
तुम हो
चैतन्य सृष्टि के,
हमारे जगत में
एकमेव उपासक!
तुम्हारी दृष्टि
टिकी हुई है,
अन्तिम सत्य पर,
है तुम्हारी ही
अदृष्ट को
स्पष्ट करनेवाली
प्रगाढ़ प्रज्ञा —
जिसने कराया
मानव मन को
'सोऽहम्' से साक्षात्कार!

हे आइन्स्टीन!
दो युद्धों की
पगली आँधियाँ
आ धमकीं
तुम्हारी खिड़की पर,
हिली नहीं
तुम्हारी ज्योति!
और इसीलिए
उसके धुएँ का

काळें काजळ
डोळ्यांत घालून
झाल्या दिशा
धन्य! धन्य!

हे आइन्स्टीन!
तुझ्या लेखणींतून
समाज-पक्षिणी
घालते अंडीं
विज्ञान-विश्वांचीं!
—जीं उबविण्यास
पाहिजे तिच्यांत
सृजनशील संयम;
—जीं उबविण्यास
तिच्या पंखांत
पाहिजे ऊब
मानवी प्रेमाची!

हे आइन्स्टीन!
तूंच सांग
संशयी जगाला
अंतिम सत्य;
ज्याच्या प्रकाशांत
काल-पुरुष
आकाशगंगेचा
घालून पट्टा
हुजऱ्या प्रमाणें
येईल पुकारित
अटळ भविष्य!

हे आइन्स्टीन!
'कोण', 'काय',
'कसें', 'कुठें',
'कधीं', 'किती',

काला काजल
आँखों में सजाकर
दिशाएँ हुईं
धन्य-धन्य!

हे आइन्स्टीन!
तुम्हारी कलम से
समाज - पक्षिणी
देती है अण्डे
विज्ञान-विश्व के!
— जिन्हें सेने के लिए
चाहिए उसमें
सृजनशील संयम;
— जिन्हें सेने के लिए
उसके पंखों में
चाहिए गरमाहट
मानव प्रेम की!

हे आइन्स्टीन!
तुम्हीं सुनाना
संशयग्रस्त जगत को
अन्तिम सत्य,
जिसके आलोक में
काल - पुरुष
आकाश-गंगा का
पहनकर पट्टा
मुसाहिब की भाँति
आएगा पुकारते हुए
अटल भविष्य!

हे आइन्स्टीन!
'कौन', 'क्या'
'कैसे', 'कहाँ',
'कब', 'कितना',

‘कां’—असे
सात सबंध
माझ्या मानेवर!
सूर्यमालेची
जपमाळ घेऊन
अश्वत्थाभोंवतीं
प्रदक्षिणा घालणाऱ्या
गूढ महंता!
बोल केव्हां
गाडशील यांना
विज्ञान गणिताच्या
एकाच महावाक्यांत.

'क्यों'—
ये सारे सात पिशाच
मेरी गर्दन पर!
सूर्य माला का
जाप करते हुए
अश्वत्थ की
परिक्रमा करने वाले
हे रहस्यमय महन्त!
बोलो, कब
गाड़ दोगे इन्हें
विज्ञान गणित के
एक ही महावाक्य में?

(अनुवाद : रेखा देशपांडे)

मी पृथ्वीचा झालों प्रियकर

दफन करुन भगव्या कफनीचें
          मी पृथ्वीचा झालों प्रियकर;
मी मातीशीं करुनी मस्ती
          अधर-क्षत केलें अवनीवर!

चढली माझ्या नव स्पर्शानें
          पृथ्वीच्या गालावर लाली;
उसळुन आल्या तिच्या उरांतुन
          सळसळणाऱ्या हिरव्या साळी.

उष्ण तिचीं निःश्वसनें प्यालों;
          त्या धुंदींतच स्फुरलीं गाणीं—
'स्वर्ग इथें वा इथेंच रौरव;
          या मातींतच, याच ठिकाणीं!'

धर्म रडे हा धाय मोकलुन;
          आणि लपें पापासह ईश्वर.
दफन करुन भगव्या कफनीचें
          मी पृथ्वीचा झालों प्रियकर!

मैं पृथ्वी का बना प्रियंकर

दफ़नाकर भगवी कफ़नी को
मैं पृथ्वी का बना प्रियंकर;
मिट्टी से कर मस्ती मैंने
अधर-क्षत आँका अवनी पर!

छायी मेरे नव स्पर्श से
पृथ्वी के गालों पर लाली;
उछल पड़ी उसके उर में से
सरसर धानों की हरियाली।

साँसें उसकी गर्म पी गया
उपजे गाने उसी नशे में—
'स्वर्ग यहीं या यहीं नरक है;
इसी जगह पर इस मिट्टी में!'

धर्म छिपा कर संग पाप के;
मज़हब रोये गला फाड़कर।
दफ़नाकर भगवी कफ़नी को
मैं पृथ्वी का बना प्रियंकर!

(अनुवाद : निशिकांत ठकार)

ती जनता अमर आहे!

मृगाच्या वादळांतून मीं ऐकले
मातींतील महापुरूषांचे आर्त निःश्वास;
आणि विजेच्या कडकडत्या प्रकाशांत
पाहिले मानव पोलादी कण्यांचे
जीवनाच्या ॲसिडांत विरघळून जातांना;
पाहिली मानवता दोन पेडांच्या
जुनाट जात्यानें दळीत बसलेली
आपल्याच पोरांना आपल्याच हातांनीं
आणि गात चिलयांच्या ओव्या;
नाहीं रे उजाडत.

वठलेल्या पिंपळाला अजूनहिं छळतो
जुनाट महासमंध; मातींतील पाळें
येतात मातीवर; होतें डोक्यावर
वागळांचें ओझें; प्रेतावर बसतात
जानवीं घातलेलीं मानवी गिधाडें.
भटाळ समाजाला घडतो विटाळ
विधवेच्या केसांचा... यशोदा देशपांडेला
मिळतो फक्त न्हाव्याशीं एकांत
आणि फुगतो गोकुळांतील कृष्ण
भेंड्यांतील डोहावर!...

वह जनता अमर है!

मृग की आँधियों में मैंने सुनी
मिट्टी में पड़े महापुरुषों की आर्त उसाँसें;
और बिजली की कड़कती रोशनी में
देखी मानवों की फौलादी रीढ़
गलते जाते हुए ज़िन्दगी के तेज़ाब में;
देखा मानवता को दो पाटों की
बेहद पुरानी चक्की में पिसते हुए
अपने ही बच्चों को अपने ही हाथों
और गाते हुए चिलया की चौपाइयाँ;
होती नहीं है रे सुबह!

ठूँठ पीपल को अब भी सताता है
बहुत पुराना ब्रह्मराक्षस; मिट्टी के भीतर की जड़ें
मिट्टी के ऊपर आ जाती हैं; सिर पर बढ़ जाता है
चमगादड़ों का बोझ; लाश पर बैठ जाते हैं
जनेऊ पहने मानव गिद्ध!
पांडे समाज को लग जाती है छूत
विधवा के बालों की...यशोदा देशपांडे को
मिलता है एकान्त सिर्फ़ नाई के साथ
और फूल उठता है गोकुल का कान्हा
*भेण्डिया दह में!

---

* कोंकण में एक स्थान, वहाँ का दह अर्थात् नद।

'राधा मधुरा, गोपी मधुरा,
मधुराधिपतेरखिलं मधुरम्'
पडद्यांत गुदमरतात औरतोंकें प्राण;
आणि किंचाळत्ये बच्चोंकी सुंता.
म्हारांच्या गळ्यांतील थुंकीच्या मडक्यांतच
काशींतील कुंडें करतात आत्महत्या;
रंगवतात तोंडें युगांच्या पापांनीं,
जळतात निग्रो संस्कृतीच्या वेदीवर;
बरबटतें आकाश धुराच्या डांबरानें;
प्रत्येक मृत्यूंतून मरतो ख्रिस्त;
मागतो पाणी सहाऱ्याच्या पोरांकडून!
नाहीं रे उजाडत.

सरोज नवानगरवालींतील मरते मंडोदरी
आणि उरतें भांडवली भोगयंत्र...
वाटवे वकिलाचा बुद्धीशीं व्यभिचार
कापतो कायद्यानें न्यायाची मान;
निसटतो नथूमल पत्नीच्या खुनांतून;
लक्ष्मण आचारी चढतो फांसावर;
बरळतो वेडांतच 'हें काय?' 'हें काय?'
मोटारच्या आवाजानें होतात जागृत
डॉक्टरांचे कान; नर्मदा मोलकरणीची
आर्त किंकाळी थडकत्ये दाराला;
आणि सापडतें उंबऱ्यावर प्रेत.
सोन्याच्या किल्लीनेंच उघडतात दरवाजे!
जातात उंट सुईच्या नेढ्यांतून
रात्रीच्या साम्राज्यांत;
नाहीं रे उजाडत.

कर्जांतच कुजतात मातींतील महापुरुष;
प्रतिभेच्या संसारांतील चुलींच्या डोक्यावर
नाचतात मडकीं. मुक्यानें मरतात
अनेक भूगंधर्व अथवा बनतात

'राधा मधुरा, गोपी मधुरा,
मधुराधिपतेरखिलं मधुरम्'
दम घुटता है औरतों का पर्दे में
और चीख पड़ता है खतना बच्चों का।
दलितों के गले के थूक के मटके में ही
काशी के कुण्ड कर लेते हैं खुदकुशी;
रँगाते हैं चेहरे युगों के पापों से।
नीग्रो जलते हैं संस्कृति की वेदी पर;
पोता जाता है आकाश धुएँ के तारकोल से;
हर मौत में मर जाता है ईसा
माँगता है पानी सहारा के बच्चों से!
होती नहीं है रे सुबह!

सरोज नवानगर वाली के भीतर की मर जाती है मन्दोदरी
और बाकी रह जाता है पूँजिया भोगयन्त्र...
वाचाल वकील का बुद्धि से व्यभिचार
घोंटता है कानून से इन्साफ का गला।
छूट जाता है नथूमल पत्नी के खून के इलज़ाम से,
लछमन रसोइया चढ़ जाता है फाँसी पर
बर्राता है पागलपन में ही 'यह क्या?' 'यह क्या?'...
मोटर की आवाज़ से जागृत हो जाते हैं
डॉक्टर के कान; कामवाली नर्मदा की
करुण चीख़ टकरा जाती है दरवाज़े से;
और लाश मिल जाती है दहलीज़ पर।
सोने की चाभी से खुल जाते हैं सब दरवाज़े!
ऊँट भी चला जाता है सुई की आँख से
रात्रि के साम्राज्य में;
होती नहीं है रे सुबह!

कर्ज़ में ही सड़ जाते हैं मिट्टी में बसे महापुरुष
प्रतिभा की गृहस्थी में चूल्हे के सिर पर
नाचते हैं मटके। गूँगे ही मर जाते हैं
कईएक भूगन्धर्व या फिर बन जाते हैं

सर्कशींतील कुत्रे. आंकडेही नेणतात
अनेक आइन्स्टीन. दुबळ्या झोपड्यांतील
बरगड्यांच्या बराकींत सडतें शौर्य...
दोन बाघांना कोयत्यानें कापणारा
धुळ्या धनगर बसतो चाटीत
पाटलाचे पाय पंचवीस रुपड्यांस्तव;
फेडतो देज वर्षाच्या चाकरीनें...
कुजतात कुजतात रसरसतीं बीजें
आणि वाढतात अळंब्ये, शेवाळे,
संस्कृतीच्या गटारांत. फेसाळ शैलीवर
उठतात बुडबुडे पश्मिनी शब्दांचे
आणि मिरवतात साबणाचे व्यापारी
सरस्वतीच्या दरबारांत. मुक्यानेंच मरतात
मातींतील महाकवि.

नाहीं रे उजाडत.

काळ्या कुलपांतून कुजतें धान्य
आणि तळमळतात अगांतुक अर्भकें
काळाच्या क्यूंत. व्याल्याबरोबर
वार खाणाऱ्या जनावराप्रमाणें
गिरण्याच खातात गाडलेलें कापड!
आणि वांटतात उघड्यांना, नागड्यांना
कोळशाचा धूर कर्णाच्या ऐटीनें.
ओसाड राजवाडे करतात रवंथ
सरंजामी सत्तेचें. लावतात दारें
आणि पदस्थल होतात गरम
माणसांच्या उबेनें...त्रेसष्ट पावसाळे
मातीशीं झुंजणाऱ्या विश्राम शेलाराला
नाहीं रे मिळाली नाचण्याची आंबील
पाय आखडल्यावर. मेला भुकेनेंच...
कापडाच्या ढिगांतून श्रमवितात नग्नता
आणि जाळवतात गव्हाचीं शेतें

कुत्ते सर्कस के। आँकड़े भी नहीं जानते
कईएक आइन्स्टिनों को। कमज़ोर झोपड़ियों की
पसलियों की ठठरियों में सड़ जाती है बहादुरी...
दो बाघों को हँसिये से काट देने वाला
धुलिया गड़रिया चाटता रहता है
पटेल के पाँव पच्चीस रुपल्ली की खातिर;
चुकाता है कर्ज़ साल भर की चाकरी से...
सड़ जाते हैं रे, सड़ जाते हैं गदराये हुए बीज
और फलते-फूलते हैं कुकुरमुत्ते, कीचकाई
संस्कृति की नाली में। फेनिल शैली पर
उठते हैं बुलबुले पश्मीनी शब्दों के
और घूमते हैं शान से साबुन के बेपारी
सरस्वती के दरबार में। गूँगे ही मर जाते हैं
मिट्टी में बसे महाकवि।
होती नहीं है रे सुबह!

काले तालों में सड़ता है अनाज़
और तड़पते हैं अनचाहे शिशु
काल के क्यू में। जनते ही
आँवल खा जाने वाले जानवर की तरह
मिलें ही खा जाती हैं गाढ़ा कपड़ा!
और बाँट देती हैं नंगधड़गों में
कोयले का धुआँ, कर्ण की शान से।
वीरान रजवाड़े करते हैं जुगाली
सामन्ती सत्ता की। बन्द कर देते हैं कपाट
और तलुवे हो जाते हैं गर्म
आदमियों की ऊष्मा से...तिरसठ बरसातें
मिट्टी से जूझनेवाले विश्राम शेलार को
नसीब नहीं हुई रे मँडुए की काँजी
पैरों के अकड़ जाने पर, मर गया भूख से ही...
कपड़ों के ढेर में नग्नता से करवाते हैं श्रम
और जलवाते हैं गेहूँ के खेतों को

बुभुक्षित हातांनीं, पाताळांतील बेताळ!
नाहीं उजाडत...
नाहीं रे उजाडत.

जन्मतात अपत्यें अगांतुक, अशिल्पित,
दु:खात्मक अपघात : आणि फोफावतो
मानवाचा वंश मानवी अनिच्छेनें;
पसरतें नाहींपण रक्तांतील कणांतून
आणि होतो इच्छेला अर्धांग.
नाहीं उजाडत...
नाहीं रे उजाड़त.

विध्वंसक विज्ञानावर पचाक्कन् थुंकून
हसतो महारोग हरएक खेड्यांतून;
खुपसतो डोळ्यांतून सडलेलीं बोटें.
छातीछातींतील परांच्या गादीवर
लोळतो राजयक्ष्मा...आठवते मला
मावशीच्या डोळ्यांतील करुण कहाणी
जेव्हां उचलतांना दादाचें शव
खोकला नारायण; आणि मागितले
लाकडाचे पैसे लक्ष्मीच्या विश्वस्तांनीं...
युद्धाच्या नशेमध्यें प्रभावी विज्ञानेंही
ठरतात नपुंसक. मानवी बुद्धीला
लागतें स्वीकारावें पोटाचें दास्य
आणि प्रतिभा बनते रखेली.
नाहीं रे उजाडत.

नाहीं रे बोलवत.
आपुलीया बळें : पाषाणी ओठांतच
पाहिजे लखलखली पोलादी जीभ
आणि मिसळलें थुंकींत हलाहल़!
नाहीं रे उजाडत.

बुभुक्षित हाथों से, पातल के बेताल!
नहीं होती है सुबह
होती नहीं है रे सुबह!

पैदा होती है सन्तान अनचाही अशिक्षित,
दुःखात्म दुर्घटना; और फलता फूलता
मानव का वंश मानवी अनिच्छा से
फैल जाता है नाकारापन खून के कनों में
और इच्छा को मार जाता है लकवा।
नहीं होती है सुबह...
होती नहीं है रे सुबह!

विध्वंसक विज्ञान पर पिच्च से थूककर
हँसता है कोढ़ हर एक देहात में;
घुसाता है आँखों में सड़ी हुई उँगलियाँ
सीने सीने में मुलायम गद्दों पर
लोटता है राजयक्ष्मा... याद है मुझे
मौसी की आँखों की करुण कहानी
जब शव उठाते हुए दादा का
खाँस उठा नारायण; और माँगी
लकड़ी की कीमत लक्ष्मी के न्यासियों ने...
युद्ध के नशे में प्रभावशाली विज्ञान भी
हो जाते हैं नपुंसक। मानव की बुद्धि को
स्वीकार करनी पड़ती है पेट की गुलामी
और प्रतिभा बन जाती है रखैल।
नहीं होती है सुबह!

नहीं रे बोल पाता
अपने बलबूते; पाषाणी होठों में ही
चाहिए चमचमाती फ़ौलादी जीभ
और थूक में मिला हुआ हो हलाहल!
होती नहीं है रे सुबह!

जरी आरवला पहाटेचा कोंबडा
फ्रान्सच्या खुराड्यांत आणि नंतर
फटलें तांबडें रशियाच्या क्षितिजावर,
जरी चीनवर उधळला गुलाल
उगवत्या आशांचा आणि सूर्यपक्षी
लागले गाऊं सातसप्तकांतून.

नाहीं रे संपत.

आमच्याच रात्रीचा काळकुटी अंधार
वाटतें फिरावें होऊन समंध;
आणि लावावी रात्रीला आग;
वाटतें करावें कांहीं अनामिक!
निराशेच्या वातांत. आमच्याच रात्रीच्या
पोटांत कुजतो प्रकाशगर्भ;
थांबतात वेणा; आणि पसरते
भकास, भयानक, संज्ञाहीन शांति
जात्ये संकोचत नसांची जाणीव
आणि सडतात जीवनाचीं अंगें.
नाहीं रे उजाडत; नाहीं रे उजाडत,
न ना नि नी नु नू ने नै नो नौ नं नः!

तरीही शेवटीं...

वाटतें जगावें, वाटतें जगवावें.
अजूनही अजूनही करत्ये आशा
दुःखाच्या दर्याचीं तीनच आचमनें,
व्यापिते जाणीव, उतरे दशांगुलें.
नाकारतां नाकारतांही जातें जीवन
आनंद आकारीत. सांडलेल्या दुधाची
उरलेली खरवडही लागते खमंग.
शुष्क वडाच्या सापळ्याची सावलीही
घालते पांघरूण आपल्या मायेचें.
अजूनही अजूनही उरत्ये जाणीव
जीवनप्रवाहाच्या संभाव्य विकासाची.

भले ही भोर के मुर्गे ने बाँग दी हो
फ्रान्स के दड़बे में, और फिर
फूट पड़ी हो लाली रूस के क्षितिज पर,
चाहे चीन पर उछला हो गुलाल
उगती आशाओं का और सूर्यपक्षी
गाने लगे हों सात सप्तकों में।

नहीं रे मिटता
हमारी ही रात्रि का कालकूट अँधेरा
जी चाहता कि बनूँ ब्रह्मराक्षस और घूमूँ
और लगा दूँ रात को आग;
कुछ अनोखा करने को जी चाहता है!
निराशा की हवा में। हमारी रात के
पेट में सड़ता है प्रकाश गर्भ;
थम जाती है प्रसव पीड़ा; फैल जाती है
वीरान, भीषण, संज्ञाहीन शान्ति
सिकुड़ जाती है नसों की चेतना
और सड़ जाते हैं अंग जीवन के
होती नहीं है रे सुबह, होती नहीं है रे सुबह!
न ना नि नी नु नू ने नै नो नौ नं नः!

फिर भी अन्त में
लगता है कि जिएँ, लगता है कि जिलाएँ।
अभी भी अभी भी करती है आशा
दुख की दरिया से तीन आचमन
व्याप्त होता है जीवन, चेतना दशांगुल रह जाती है।
नकारते नकारते हुए भी जीवन जाता है
आनन्द को आकार देते हुए। लुढक गये दूध की
बची हुई खुरचन भी लगती है ज़ायकेदार
सूखे बरगद के ठूँठ की छाया भी
उढ़ाती है चादर अपनी ममता की।
अब भी, अब भी बाकी है बोध
जीवनधारा के सम्भाव्य विकास का।

अजूनही मानव नाहीं रे शिजवीत
आपलींच पोरें आपल्याच हातांनीं,
मीडिआप्रमाणें; आपल्याच तोंडानें
नाहीं रे भक्षीत आपलीच मज्जा!
मांसहीन कणा अजूनही पेलतो
माणसाचा मेंदू; अजूनही धडधडतें
उरांत कांहींसें सगुण, सचेतन.

अजूनही आशा.

अजूनही कोणी निळया डफावर
विजेची थाप हाणून उद्‌गारतो :
'तूं जगशील, तुम्हीं जगाल.'
काळ्या मातीचें पांघरूण चाळवून
आकाशाकडे बोट करणारे
कोवळे बीजांकुर उठवितात आवाज,
'तूं जगशील; तुम्ही जगाल.'
काळ्या छातीचे कसदार मळे
चढवितात लंगोट माललाल नद्यांचे
ठोकतात शड्डू मेघांच्या हातांनीं
आणि देतात मृत्यूला आव्हान.
हिरव्या गवताचीं टोकदार पातीं
होतात ताठ; थरथरतें, थरथरतें
अवघें चराचर जगण्याच्या जाणिवेनें;
आणि नाहींपण बसतें लोंबत
वठलेल्या मनांच्या सडलेल्या फांद्यांना.
थरथरतें, थरथरतें अवघें चराचर
जगण्याच्या जाणिवेनें...

कारण येतो

पूर्वेच्या वाऱ्यावरून उसाऱ्या गुऱ्हाळांचा
उन्मत्त गंध; शिरतो कपाळांत;
जातो शोधीत कुण्डलिनीचीं पाळें
आणि होतात इंद्रियें जिवंत.
आत्म्याचा डोंगळा पाहतो गिळण्या

अभी भी मानव नहीं पकाता
अपने ही बच्चों को अपने ही हाथों से
मीडिया की तरह; अपने ही मुँह से
नहीं खाता अपनी ही मज्जा को!
मांसहीन रीढ़ अब भी उठाती है
आदमी का मस्तिष्क; अब भी धड़कता है
सीने में कुछ-कुछ सगुण, सचेतन।

अब भी है आशा।
अब भी कोई नीली डफली पर
बिजली की थाप लगा कर कहता है :
'तू जिएगा, तुम जिओगे।'
काली मिट्टी की चादर को खिसकाते
ताज़े बीजांकुर उठाते हैं आवाज़ :
'तू जिएगा, तुम जिओगे।'
काली छाती के ज़रखेज़ कछार
चढ़ा लेते हैं लँगोट लाल-लाल नदियों के
ख़म ठोंकते हैं मेघों के हाथों
और देते हैं चुनौती मौत को।
हरी दूब के नुकीले पात
तन जाते हैं; थर्राते हैं, थर्राता है
समूचा चरचर — जीने की चेतना से;
और न होनापन लटकता रहता है
ठूँठ मनों की सड़ी हुई शाखाओं पर।
थर्राता है, थर्राता है, समूचा चराचर
जीने की चेतना से...

क्योंकि आती है
पुरबाई से गन्ना पेरने की
उन्मत्त गन्ध; घुसती है माथे में;
खोजने लगती है कुण्डलिनी की जड़ें
और हो जाती हैं इन्द्रियाँ जीवित।
आत्मा का चींटा निगलना चाहता है

विश्वाची ढेप! नाचतों सूर्यमयूर
ढगांच्या जंगलांत; पसरतो सोनेरी
प्रकाश पंख; व्यापितो आकाश;
आणि नाचतात तृप्तीच्या नग्नतेंत
तापलेल्या डोळयांतील तरण्या भावल्या.
वाटतें जगावें; वाटतें जगवावें.
विशाल वक्षांच्या अनादि वडांतून
वाहतात खालीं शांतीच्या धारा
आणि वाहतें तापलेलें रक्त
हिरव्यागार पारंब्यांतून मृण्मय मुक्तीकडे.
वाटतें जगावें; वाटतें जगवावें.
अजूनही इंद्रियें रहातात इमानी
जीवनाच्या प्रेरणेशीं; आणि करतात
आजपण समृद्ध...

मला दिसतात
भविष्याकडे कललेल्या स्वीकारशील जीवनाचे
लाल लाल केस क्रांतीच्या वादळानें
पुनः पुनः पिंजारलेले. निरोगी जीवनाचा
विकासशील गर्भ घेतो शोषून
शास्त्रांच्या अनुभूति. वाटते धन्यता
पृथ्वीच्या कुशीला; स्वीकारत्ये दुःख
सृजनशील वेणांचें; आणि प्रसवते
मातींतून महापुरुष.
अशा वेळींच,
मला दिसतें विश्वाचें स्वप्न
साकार होतांना माणसाच्या आकारांत
मातींतील रक्तांतून, मातींतील मांसांतून.
पृथ्वीच्या उबेंतच वाढतें जीवन;
आणि फोडते प्रकाशचोंचीनें
विश्वाच्या अंड्याचें निळें कवच.

विश्व की भेली! नाचता है सूर्यमयूर
बादलों के जंगल में; फैलाता है सुनहरे
प्रकाश-पंखों को; घेर लेता है आकाश;
और नाचती है तृप्ति की नग्नता में
तपी हुई आँखों की जवान पुतलियाँ
लगता है जिएँ; लगता है जिलाएँ।
विशाल वक्षों के अनादि बरगदों से
बहती हैं नीचे शान्ति की धाराएँ
और बहता है लहू तपा हुआ
हरीभरी जटाओं से मृण्मय मुक्ति की ओर।
लगता है जिएँ, लगता है जिलाएँ।
अब भी इन्द्रियाँ होती हैं ईमानदार
जीवन की प्रेरणाओं के साथ; और करती हैं
आज का होना समृद्ध...

मुझे दिखाई देते हैं
भविष्य की ओर झुके स्वीकारसील जीवन के
लाल लाल बाल क्रान्ति के तूफ़ान से
बार बार बिखेरे हुए। स्वस्थ जीवन का
विकासशील गर्भ सोख लेता है
शास्त्रों की अनुभूतियाँ, धन्यता महसूस करती है
पृथ्वी की गोद; स्वीकार करती है दुख को
सृजनशील प्रसूतिपीड़ा के; और जनती है
मिट्टी से महापुरुष।
ऐसे ही समय,
मुझे दिखाई देता है विश्व का सपना
साकार होते हुए मानवों के आकारों में
मिट्टी के लहू से, मिट्टी के मांस से।
धरती की ऊष्मा में ही पड़ता है जीवन;
और फोड़ता है प्रकाशचोंच से
विश्व के अण्डे का नीला कवच

अश वेळींच,
उधळतात आशा वादळांच्या वारूंवरून;
जातात ओलांडून दिशांचे उंबरठे;
आणि स्फुरवितात, मातीचें महाभारत,
विजेचीं वीरगीतें :
जनतेच्या पोटामध्यें
आग आहे, आग आहे;
जनतेच्या डोळयामध्यें
शंकराचा राग आहे.
जनतेच्या ऐक्यामध्यें
लाव्हाची लाट आहे;
जनतेच्या पायापुढें
प्रकाशाची वाट आहे.
जनतेच्या हृदयामध्यें
अन्यायाची कळ आहे;
जनतेच्या बाहूमध्यें
सागरचें बळ आहे.
जनतेच्या इच्छेमध्यें
नियतीचा नेट आहे;
जनतेच्या हातामध्यें
भविष्याची भेट आहे.
जनतेच्या नसांमध्यें
लाललाल रक्त आहे;
जनतेच्या सत्तेखालीं
पृथ्वीचें तख्त आहे.
जनतेच्या मुक्तीसाठीं
अजून एक समर आहे;
आणि जिचा आत्मा एक
ती जनता अमर आहे!

ऐसे ही समय,
दौड़ पड़ती हैं आशाएँ आँधियों के अश्व पर आरूढ़ हो
लाँघ जाती हैं देहलियाँ दिशाओं की;
और विस्फुरित करती हैं मिट्टी का महाभारत,
बिजली के वीरगीत;

जनता के पेट में
आग है, आग है;
जनता की आँख में
शंकर का अंगार है।
जनता की एकता में
लावा का दाह है;
जनता के पैरों तले
रोशनी की राह है।
जनता के हृदय में
अन्याय की खीज है;
जनता की बाहुओं में
सागर का तेज़ है।
जनता की इच्छा में
नियति का ज़ोर है;
जनता के हाथों में
भविष्य का छोर है।
जनता की नसों में
लाल लाल रक्त है;
जनता की सत्ता तले
धरती का तख़्त है।
जनता की मुक्ति हेतु
अभी एक समर है
और जिसकी आत्मा एक
वह जनता अमर है!

(अनुवाद : निशिकांत ठकार)

विज्ञानब्रह्माच्या हृदयांतील
हे ॐकारा!

विश्वव्याप्त
विश्वकक्ष
ज्ञानाच्या अभिलाषेचा
नजराणा घेऊन
मी तुझ्या दर्शनाला आलों...
प्यालों आकंठ तपाचें तेजप
आणि माझ्या जळत्या डोळ्यांतील
भाबड्या भावल्या
आर्जवून ओरडल्या,
'विज्ञानब्रह्माच्या हृदयांतील
हे ॐकारा!
दार उघड! दार उघड!''

विज्ञानब्रह्माच्या हृदयांतील
हे ॐकारा!
पृथ्वीच्या या खटाऱ्याला
        कोणी जुंपला जळता बैल?
कुठें जाई, कुठें जाई,
        दर क्षणीं वीस मैल?
आकाशगंगेमध्यें वाहे
        सूर्याची ही दीपमाला

विज्ञानब्रह्म के हृदयस्थ हे ॐकार!

विश्व-व्याप्त
विश्व-कक्ष
ज्ञान की अभिलाषा का
उपहार लिये
मैं आया तुम्हारे दर्शनार्थ...
पी चुका आकण्ठ तप का ताप
और मेरी जलती आँखों की
भोली पुतलियाँ
पुकार उठीं आकुल होकर,
'विज्ञानब्रह्म के हृदयस्थ
हे ॐकार!
खोलो द्वार! खोलो द्वार!'

विज्ञानब्रह्म के हृदयस्थ
हे ॐकार!
पृथ्वी की इस बैलगाड़ी में
        किसने जोता जलता बैल?
कहाँ जाए, कहाँ जाए,
        हर पल बीस मील?
आकाशगंगा में बहती
        सूर्य की यह दीपमाला

दरक्षणीं बारा मैल;
        कोणीं सोडली साँग हिला?
चक्री नेब्यूलांच्या कांठून
        आकाशगंगा वाहत जाय;
अडीचशेंच्या वर वेग;
        हिला धबधबा असेल काय?

विज्ञानब्रह्माच्या हृदयांतील
हे ॐकारा!
अणूंमध्यें आहे काय?
        बोल तरी, बोल तरी,
परमाणूंची दंगामस्ती
        कधींपासून तुझ्या धरीं?
स्थलकालाची खुळी कुस्ती
        केव्हां तुटेल? तुलाय थांग!
गति आण मान यांचें
        केव्हां झालें लग्न साँग?
प्रकाशाचा बाप कोण?
        विजेला का असेल आई?
शक्तीचीं हीं पोरें सात
        कधीं करतील अंगाई?

विज्ञानब्रह्माच्या हृदयांतील
हे ॐकारा!
कार्यकारणाचा। सूक्ष्माला ना जाच;
स्थूलाला हा पेच। कशासाठीं?
सूक्ष्म आणि स्थूल। दोन्हीं हीं माझ्यांत;
माझ्यावरी मात। करी कोण?
साऱ्या चेटकांत। चेटुक हें सत्य;
नाटकाला नित्य। नवा रंग।
अगा स्वयंसिद्धा। गणिताचा मंत्र
विज्ञानाचें तंत्र। वृथा काय?

हर पल बारह मील
        कहो किसने इसको छोड़ा?
चक्री नेब्यूला के तट से
        आकाशगंगा बहती जाए;
ढाई सौ से ज्यादा की गति;
        जलप्रपात होगा क्या इसमें?

विज्ञानब्रह्म के हृदयस्थ
हे ॐकार!
अणुओं में आखिर है क्या?
        बोलो तो, बोलो तो
परमाणुओं का दंगमदंगा
        कब से चल रहा घर तुम्हारे?
क्षेत्र काल की खुली कुश्ती का
        कब होगा निर्णय? तुम ही जानो!
गति और द्रव्यमान का
        कब हुआ ब्याह बतलाओ?
प्रकाश का कौन पिता
        बिजली की क्या माँ भी होगी?
शक्ति की ये सन्तानें सात
        निद्राधीन भला कब होंगी?

विज्ञानब्रह्म के हृदयस्थ
हे ॐकार!
कार्य-कारण का। सूक्ष्म को न कष्ट;
स्थूल को झंझट। किसलिए?
सूक्ष्म और स्थूल। मुझमें निहित;
मुझे पराजित। करे कौन?
सारे जादू टोने में। यही टोना सत्य;
नाटक में नित्य। नया रंग।
अरे स्वयंसिद्ध। गणित के मन्त्र;
विज्ञान के तन्त्र। क्या हैं व्यर्थ?

मूळावृत्त-एका। सांग ना नेटकें
काय हें फाटकें। ज्ञान सारें?
विज्ञानब्रह्माच्या हृदयांतील
हे ॐकारा!
दार उघड! दार उघड!
स्थितप्रज्ञाच्या निर्गुण भाषेंत
तूं उद्‌गारलास :
'मी आहें
रहस्याचा रखवालदार;
विश्वाच्या प्रासादाचा
एकनिष्ठ पहारेकरी;
माझ्या कपाळावरील
अद्‌भुत यक्षप्रश्नाचें
वर्गमूळ जाणणारेच
जातात उघडून माझें महाद्वार!'

विज्ञानब्रह्माच्या हृदयांतील
हे ॐकारा!
मूळाचें कवच पांघरून
नकाराच्या शिखंडीमागें
तूं आपणाला लपवून धरलेंस;
आणि माझ्या
बुद्धीचा भीष्म पडला शरपंजरीं
करीत करीत द्वादशाक्षरी जप
उत्तरायणांतील
महाप्रयाणापूर्वींचा...

ऋण एक का वर्गमूल। बताओ तो ठीक ठीक
या फिर है असार। ज्ञान सारा?
विज्ञानब्रह्म के हृदयस्थ
हे ॐकार!
खोलो द्वार! खोलो द्वार!
स्थितप्रज्ञ की निर्गुण भाषा में
बोल उठे तुम :
'मैं हूँ
रहस्य का रखवाला;
एकनिष्ठ पहरेदार
विश्व के प्रासाद का;
मेरे माथे पर अंकित
अद्‌भुत यक्षप्रश्न का
वर्गमूल जो जान पाते हैं
खोलकर मेरा महाद्वार
वे ही निकल जाते हैं!'

विज्ञानब्रह्म के हृदयस्थ
हे ॐकार!
मूल का कवच ओढ़कर
नकार के शिखंडी के पीछे
तुमने छिपाए रखा है स्वयं को;
और मेरी
बुद्धि का भीष्म शरशय्या पर पड़ा
द्वादशाक्षरी जाप कर रहा
उत्तरायण में किए जानेवाले
महाप्रयाण से पहले का...

(अनुवाद : स्मिता दात्ये)

प्रेम करावें असें, परंतू...

हिरवे हिरवे माळ मोकळे;
        ढवळ्या ढवळ्या त्यावर गाई;
प्रेम करावें अशा ठिकाणीं
        विसरुनि भीती विसरुनि घाई.

प्रेम करावें, रक्तामधलें;
        प्रेम करावें शुद्ध, पशूसम;
शतजन्मांच्या अवसानानें
        रक्तामधली गाठावी सम.

प्रेम करावें मुकें अनामिक;
        प्रेम करावें होउनियां तृण;
प्रेम करावें असें, परंतू...
        प्रेम करावें हें कळल्याविण.

प्रेम करें हम ऐसे, लेकिन...

खेत खुला हो, हरा-भरा हो
धौली-धौली गाएँ उस पर
प्रेम किया जाए ऐसे में
भूल भीति और बेसब्री को

प्रेम करें हम रक्त-धर्म से
प्रेम करें हम शुद्ध पशु-सम
शत-जन्मों की ले कर हिम्मत
तेज़ रुधिर की पकड़ें हम सम

प्रेम करें हम मूक अनामिक
प्रेम करें हो कर हम तृन
प्रेम करें हम ऐसे, लेकिन
प्रेम कर रहे हैं समझे बिन।

(अनुवाद : चंद्रकांत बांदिवडेकर)

तसेंच घुमतें शुभ्र कबूतर

मनांत माझ्या उंच मनोरे;
उंच तयावर कबुतरखाना;
शुभ्र कबूतर घुमतें तेथें
स्वप्नांचा खाउनियां दाणा.

शुभ्र कबूतर युगायुगांचें—
कधीं जन्मलें? आणि कशास्तव?
किती दिवस हें घुमावयाचें?
अर्थावांचुन व्यर्थ न का रव?

प्रश्न विचारी असे कुणी तरि;
कुणी देतसे अगम्य उत्तर!
गिरकी घेउन अपणाभवतीं
तसेंच घुमतें, शुभ्र कबूतर.

कूजन करता शुभ्र कबूतर

मन में मेरे ऊँची मीनारें;
ऊँचा उन पर कबूतरख़ाना
शुभ्र कबूतर करता कूजन
सपनों का खा करके दाना।

युगों युगों तक शुभ्र कबूतर-
कब जनमा है? और किसलिए?
कितने दिन तक होगा कूजन?
अर्थहीन रव व्यर्थ न क्या यह?

प्रश्न पूछता ऐसा कोई;
कोई देता अगम्य उत्तर;
चक्कर खाकर फिर, वैसा ही
कूजन करता शुभ्र कबूतर।

(अनुवाद : प्रभाकर माचवे)

चिवचिवणारी वाट असावी

चिवचिवणारी वाट असावी
दमछाटीची यावी घाटी;
घाटीनंतर गडग्यापाशीं
पार असावा बसण्यासाठीं;

उठण्याची पण हिरवी शक्ती
अंगीं असावी करीत वळवळ;
मनीं असावें मौन सुगंधित,
उरीं असावी जगण्याची कळ.

लाल असावा पुढचा रस्ता;
मोह असावा तिठ्यातिठ्यावर;
हात नसावा हुकुम कराया!
पाठीवरतीं सर्व हवें घर :

पडशीमध्यें हवेत पोहे;
(आणिक चंची—हवीच ती तर!)
थालिपिठाचे तुकडे कांहीं;
निव्वळ लोणी तयाबरोबर.

हवीच थोडी लोचट थंडी;
ऊन असावें तिरकस पिवळे;
क्षितिजामध्यें ऊब असावी!
गवत असावें भवतीं कवळें.

चहचह करती पगडंडी हो

चहचह करती पगडंडी हो
दम निकले ऐसी हो घाटी;
घाटी पार पर मेंड़ बनी हो
और बैठने को चबूतरा;

तन में हरकत करनेवाली
चल पड़ने की शक्ति हरी हो;
मन के भीतर मौन सुगन्धित,
जीने की उर आस बसी हो।

बाट लाल हो आनेवाली;
मोह बसा हो राह तिराहे;
हाथ नहीं हो हुक्म बजाता!
लदा पीठ पर पूरा घर हो;

झोली में हो चिउड़ा थोड़ा;
औ' बटुआ[1] हो बहुत जरूरी!
थालिपीठ[2] के टुकड़े कुछ औ'
खालिस मक्खन साथ रखा हो।

लम्पट जाड़ा ज़रा ज़रूरी;
तिरछी पीली धूप चमकती;
क्षितिज लिये हो ऊष्मा प्यारी!
ताज़ी भीगी दूब बिछी हो।

---

1. पान-सुपारी का बटुआ, 2. चरपरा पराठे जैसा महाराष्ट्रीय व्यंजन

बैल असावा आंडिल ढुरकत
        दूर जुगाईच्या माळावर.
सह्याद्रीचीं निळीं गोपुरें
        दूर असावीं, दूर, दूरवर...

पायामध्यें मुठभर जाडी
        हवें पायतण करकरणारें;
अन् वाटोळी पृथ्वी याचें
        दुःख असावें सूख पिणारें!

बैल अंडुआ रहे हँड़कता
        चारा खाने चरागाह पर
सहयाद्रि के नीले गोपुर
        दूर रहें वे दूर दूर तक

भारी भरकम कर्र कर्र बजता
        पैरों में फिर चमरौधा हो;
गोल धरा है इसी बात के
        सुख को पीनेवाला दुख हो!

(अनुवाद : निशिकांत ठकार)

स्वप्नामध्यें रचिल्या ओळी

स्वप्नामध्यें रचिल्या ओळी
यमक मला नच सापडळें!
अर्थ चालला अंबारींतुन
शब्द बिचारे धडपडळे;

प्रतिमा आल्या उंटावरुनी;
नजर तयांची पण वेडी;
शब्द बिथरले त्यांना; भ्याले
स्वप्नांची चढण्या माडी!

थरथरली भावना मुक्यानें
तिला न त्यानीं सावरळे;
स्वप्नामध्यें रचिल्या ओळी
यमक मला नच सापडलें!

स्वप्न में रची कविता मैंने

स्वप्न में रची कविता मैंने
यमक किन्तु ना मिला मुझे!
बैठा अर्थ हौदे पर चढ़
शब्द बिचारे गिरे धड़ाधड़।

प्रतिमाएँ हुईं सवार ऊँट पर
वहशत थी नज़रों में,
सपनों की चढ़ते हुए अटारी
भयभीत शब्द यूँ बिदक गये!

काँप उठी मौन भावना
सँभल सकी ना वह उनसे;
स्वप्न में रची कविता मैंने
यमक किन्तु ना मिला मुझे!

(अनुवाद : रेखा देशपांडे)

असें कांहीं पाहिलें आहे

असें कांहीं पाहिलें आहे...
ज्यानें दुभंगलों.
आणि उमगलें : मनामनांतुन
शिवशिवणाऱ्या विराट विकलतेला
माझ्याजवळ शब्द नाहीं.
डोळयाडोळयांतून थरथरणाऱ्या
पाऱ्यांतील वेदनेचा बेध घेणारा
माझ्याजवळ नेत्र नाहीं
धुसमुसून धुसमुसून कोपऱ्याशीं स्फुंदणाऱ्या
जन्मण्यापूर्वीच निर्वासित झालेल्या
करपलेल्या, हरपलेल्या,
अनाथ जगन्नाथासाठीं
माझ्याजवळ कूस नाहीं.

क्रूस नाहीं; माझ्यासाठींही क्रूस नाहीं.

असें कांहीं पाहिलें आहे—
भरबाजारांतील आंधळ्या गर्दीत
ऐन दुपारीं रात्रींचें दृश्य :

पत्र्यांच्या चाळींतून; अळयांच्या आळींतून;
हाडांच्या जाळींतून; डोळयांच्या बिळांतून;
माणसें सडणारीं, न मरूं शकणारीं;
माणसें धुमणारीं, न पेटूं शकणारीं;

देखा है ऐसा कुछ

देखा है ऐसा कुछ
        कि मैं टूट गया।
और हुआ एहसास : हर मन में
कसकने वाली विराट विकलता को व्यक्त कर सकें
मेरे पास ऐसे शब्द नहीं हैं।
हर आँख में छलछलाते पारे की
थरथराती वेदना को समझ सकें
मेरे पास ऐसी दृष्टि नहीं है।
कुढ़ते कुढ़ते, कोने में सिसकते
जन्म से पहले ही निर्वासित हुए
झुलसे हुए, गुमनाम
        अनाथ जगन्नाथ के लिए
मेरे पास कोख नहीं है।

सलीब नहीं है, मेरे लिए भी सलीब नहीं है।

देखा है ऐसा कुछ
भरे बाज़ार की अन्धी भीड़ में
रात का दृश्य भरी दुपहरी में :

टीन की बस्तियों में, कीड़े-मकोड़ों के मुहल्लों में
हड्डियों के जालों में; आँखों के बिलों में
सड़ते हुए लोग—जो मर नहीं पाते
सुलगते हुए लोग—जो धधक नहीं उठते

माणसें कुढणारीं, न कडाडणारीं;
असें कांहीं पाहिलें आहे—
ज्यानें दुभंगलों;
ज्यानें आलें अचानक अंधत्व
आणि आंधळ्या ईडिपसप्रमाणें
वाटलें निघावें जारपुत्रांच्या मागोमाग
विजनाच्या वाटेनें.

वाटलें असावी
माझ्याही अंत:करणांत समाजविषवृक्षाची
प्रदीर्घ छायाच; लांब लांब फांद्यांचा
अवजड विस्तार, कधींही न पिकणारीं
खुरटलेलीं फळें, जळलेला मोहोर.
आणि तळाशीं
थंडावलेलें थडगें.

असें कांहीं पाहिलें आहे
ज्यानें दुभंगलों!

कुढ़ते हुए लोग—जो क्रोध से बरस नहीं पड़ते
देखा है ऐसा कुछ
        कि मैं टूट गया!
देखकर जिसे अचानक
दृष्टिहीन हो गया मैं
और चाहा कि निकल पड़ूँ जारपुत्रों के पीछे
        विजन पथ पर
अन्धे ईडिपस की तरह।

मुझे लगा कि
मेरे भी हृदय में है समाज विषवृक्ष की
प्रदीर्घ छाया मात्र!
लम्बी लम्बी टहनियों का
        बोझिल विस्तार!
कभी भी न पकनेवाले प्रतिहत फल,
        जला हुआ बौर।

देखा है ऐसा कुछ
        कि मैं टूट गया!

(अनुवाद : स्मिता दात्ये)

फितुर जाहलें तुजला अंबर

तुडुंब भरलिस मातृत्वानें;
काजळ वाहवलें गालावर.
मोहर गळला मदिर क्षणांचा;
कणी प्रगटली; निवलें अंतर.

त्या उत्कट एका झेपेंतच
पोंचलीस पुढच्या क्षितिजावर;
(मला उमगलें मीं अनवश्यक)
फितुर जाहलें तुजला अंबर!

त्या दिवशीं मीं तुला शापिलें—
तुला वाटलें कौतुक तें तव!
तुडुंब भरलिस. ओळखलें मीं
जामिन तुजला कुळी शहाण्णव.

गगन हो लिया साथ तुम्हारे

मातृत्व से हुई परिपूरण;
बह निकला गालों पर अंजन।
मदिर क्षणों का बौर गया झर;
प्रकटी कणिका; प्रमुदित मन।

उस उत्कट-सी उछाल में ही
क्षितिज पार गये चरण तुम्हारे;
(रही न तुम्हें जरूरत मेरी)
गगन हो लिया साथ तुम्हारे!

शाप दिया उस दिन मैंने तुमको
समझीं तुम सराहना उसको!
हो परिपूरण; जान गया मैं
संरक्षण पुरखों का तुमको।

(अनुवाद : स्मिता दात्ये)

दांतापासून दांताकडे

तुझी-माझी धांव आहे
दांतापासून दांताकडे.

पिरॅमिडच्या दगडाखालीं
माझी छाती पिचली होती;
रंगवलेली फिक्कट 'ममी'
तेव्हांच मला हंसली होती;

तूं म्हणालास :
'फिरोहाचें बहिणीबरोबर
उद्यां लग्न लागेल काय?'

मी म्हणालों :
'पत्रावळींतलें उष्टें अन्न
परवांतपर्यंत टिकेल काय?'

तो म्हणाला :
'तुझ्या-माझ्या डोक्यावरतीं
स्फिंक्झचाच दगडी पाय.'
तुझ्यामागें मुकीं धडें;
माझ्यामागें मुकीं धडें;
तुझी-माझी धांव आहे
दांतापासून दांताकडे.

दाँतों से दाँतों तक

तेरी-मेरी दौड़ है
दाँतों से दाँतों तक।

पिरामिड के पत्थर तले
मेरी छाती पिचकी थी;
रँगी हुई फीकी ममी
तभी मुझ पर हँसी थी।

तुमने कहा :
    फरान का बहन से
    कल ब्याह होगा क्या?

उसने कहा :
    पत्तल का जूठा खाना
    परसों तक टिकेगा क्या?

उसने कहा :
    तेरे मेरे सिर पर है
    स्फिंक्स का ही पथरीला पाँव।
    तेरे पीछे मूक कबन्ध
    मेरे पीछे मूक कबन्ध
    तेरी-मेरी दौड़ है
    दाँतों से दाँतों तक!

चीनच्या त्या भिंतीवरतीं
बुरुजागणीक भूत आहे;
दगडाच्याही अंगावरतीं
पिळणुकीची लूत आहे;

तूं म्हणालास :
'कन्फ्यूशिअसच्या झग्यावरील
कशिदा कधीं उसवेल काय?'

मीं म्हणालों :
'पाठीवरच्यां या कुबडाला
बुद्ध तरी फसवील काय?'

तो म्हणाला :
'संस्कृतीच्या ओठावरची
कोणासाठीं असते साय?'
पूर्वी झालें तेंच घडे;
इतिहासाला गेले तडे;
तुझी-माझी धांव आहे
दांतापासून दांताकडे.

यमुनेच्या काळया पाण्यांत
कालियाची फडा आहे;
गोरा-मेरा ताजमहाल
कांठावरतीं खडा आहे;

तूं म्हणालास :
'प्रीतीच्या या समाधीवर
दगडी गुलाब फुलतो आहे.'

मी म्हणालों :
'यमुनेकडे ताजमहाल
थोडा थोडा कलतो आहे!'

चीन की उस दीवार के
हर परकोटे पर प्रेत है;
पत्थर के भी शरीर पर
शोषण की खरोंच है!

तुमने कहा :
कन्फ्यूशियस के चोगे का
कशीदा कभी उघड़ेगा क्या?

मैंने कहा :
पीठ पर के इस कूबड़ को
बुद्ध भी ठगेगा क्या?

उसने कहा :
'संस्कृति के होठों पर की
किसके लिए है मलाई?'
जो पहले हो चुका,
फिर वही होगा।
इतिहास तो पूरा कट चुका;
तेरी मेरी दौड़ है दाँतों से दाँतों तक।

जमुना के काले जल में
कालिया का फन है,
गोरा गोरा ताजमहल
तीर पर खड़ा है।

तुमने कहा :
प्रीत की इस समाधि पर
पथरीला गुलाब खिलता है

मैंने कहा :
जमुना की ओर ताजमहल
थोड़ा-थोड़ा झुक रहा है।

तो म्हणाला :

‘अंधाराचा काळा हत्ती
पृथ्वीपुढें झुलतो आहे.’
पायांखालीं काय दडे?
नरबलीचें प्रेत सडे;
तुझी-माझी धांव आहे
दांतापासून दांताकडे.

तुझा-माझा प्रवास आहे
दांतापासून दांताकडे.
काळे दांत, गोरे दांत,
किडके दांत, सडके दांत,
कांहीं शहाणे, काहीं खुळे,
कांहीं जून, कांहीं कवळे,
कांहीं दांत पिवळे-पिवळे,

कांहीं बोलके, कांहीं मोने,
कांहीं मध्यें चांदी-सोनें,
तुझी-माझी झेप पडे
दांतापासून दांताकडे.
पण आतां कोण रडे?

मला एक कळलें आहे;
सुवर्णाच्या रथांत बसून
सत्य येथून पळलें आहे.
प्रत्येकाच्या छातीवरतीं
चाकोरीची खूण आहे.
जिकडे तिकडे मुकीं धडें;
इतिहासाला गेले तडे;
त्यांत नवीन काय घडे?
तुझी-माझी धांव आहे
दांतापासून दांताकडे.

उसने कहा :

अँधेरा का काला हाथी
पृथ्वी के आगे झूलता है!
नीव के नीचे क्या छिपा है?
नरबलि का शव सड़ता है।[7]
तेरी मेरी दौड़ है
दाँतों से दाँतों तक!

तेरी मेरी यात्रा है
दाँतों से दाँतों तक।
काले दाँत, सफेद दाँत
किनाहें दाँत, सड़े दाँत,
कुछ सयाने, कुछ पगले,
कुछ कड़े, कुछ कच्चे
कुछ दाँत पीले-पीले,

कुछ मौनी, कुछ बड़बोले,
कुछ हैं सोने-चाँदी वाले,
तेरी मेरी कूद है
दाँतों से दाँतों तक।
पर, अब कौन रोए?

मैंने एक जाना है;
सुवर्ण के रथ में बैठ
सत्य यहाँ से भागा है;
हर व्यक्ति की छाती पर
पहिए की लीक है।
जहाँ-जहाँ मूक कबन्ध;
इतिहास में है पड़ी दरार;
उसमें कौन-सी नयी बहार?
तेरी मेरी दौड़ है
दाँतों से दाँतों तक!

(अनुवाद : चंद्रकांत बांदिवडेकर)

त्रिवेणी–1

...उगवत्या विभासाच्या तांबड्या पहाटे
पिंगट रंगाचे पोरके केस
तोंडापुढें पिंजारून तूं म्हणालीस :
'आला रे आला बागुलबोवा!'
तुझें इवलेंसें शेंबडें नाक
उमटलें केसांतून
            लुकलुकले डोळे
(रिंग्यांच्या बिया) मी भ्यालों
पहाटेच्या अंधारांत. गडबडलों
(अजूनही आंथरुणांतच) आणि डोळ्यांवरून
गोधडी पांघरीत भिऊन ओरडलों :
'ए आजी, बघ ग इंदुटली
कसं करते तें. कशी भिववते
केस पिंजारून.'
            रात्रीच्या चिंध्या
पाठीवर फडकारीत तूं झालीस
क्षणांत अदृश्य आणि धरलास
अल्लड अबोला, नाकउडवीचा,
गालफुगवीचा, बोटांतल्या गट्टीचा,
गट्टीगट्टी फूचा
            फुलांफुलांतल्या गट्टीचा
हिरवा हिवाळा गेला बागडत
पिकलेल्या पानांतून.

            हें निळें स्वप्न
तूं कोरलेंस. हे अल्लडिके!

त्रिवेणी-1

...उगते विभास की ताँबई भोर में
भूरे रंग के लावारिश बालों को
मुँह के सामने बिखराकर तुमने कहा :
'आया रे आया, जू जू आया!'
तुम्हारी छोटी-सी रेंटभरी नाक
बालों के भीतर से दिखाई दी
झलमला गयीं आँखें
(रीठे के बीज) मैं डर गया
भोर के अँधेरे में अचक गया!
(अब भी, बिस्तर में ही) आँखों पर
गुदड़ी डालकर डर के मारे चिल्लाया :
'अरी दादी, देख तो यह इन्दुड़ी
कैसा करती है, कैसा डराती है
बालों को बिखराकर।'
रात की चिन्दियों को
पीठ पर सँवारती हुई तुम हो गयीं
पलभर में गायब; और तुमने शुरू किया
अल्हड़ अनबोलापन, नाक को ऊँचा उठानेवाला,
गालों को फुलानेवाला, उँगलियों की कट्टीवाला
बट्टी की कट्टी करनेवाला!
फूलों फूलों की बट्टी का
हरियाला मौसम सर्दी का उछलता कूदता चला गया
पके हुए पत्तों में से।

यह नीला सपना
तुमने उकेरा, हे अल्हड़िके!

(अनुवाद : निशिकांत ठकार)

त्रिवेणी–2

‘...चखोंट उजाडलं’ म्हणाली आजी
खारकेसारखी सुरकुतलेली. आणि आपण
एकाच आंथरुणांतून उठून उधळलों
अंगणांतल्या उपेळींत.
          सूर्याच्या उन्हाचा
भर्जरी परकर तूं चढविलास
आणि शरिराची पिवळी नग्नता
उन्हांत विरघळलीं.
          तेव्हांच आपल्या
नग्न शरीरांत प्रथम प्रवेशली
अशरीरिणी लज्जा. सळसळली.
मला वाटलें तुझ्या शरीराचें
सलज्ज कौतुक! तूं रुमझुमलीस :
‘पुन्हा पुन्हा काय रे पहातोस?
सांग आधीं, सांग आधीं, सांग,
अधीकच शरमलों तुझ्या शब्दांतील
ठसक्याला ठेचाळून. नाहीं बोललों.
फक्त लांबवलें सद्याचें टोक.

त्रिवेणी–2

'... साफ़ उजाला हो गया है' कहा दादी ने
छुहारे जैसी सिकुड़ी हुई। और हम
एक ही बिस्तर से उठकर उछल पड़े
आँगन के अहाते में।
        सूरज की धूप का
ज़रदोज़ी घाघरा पहन लिया था तुमने
बदन का पीला नंगापन
धूप में पिघल गया।
        तभी हमारी—
नंगी देहों में पहली बार घुस गयी
शर्म अशरीरी। सरसरा गयी।
मैंने महसूस किया तुम्हारे बदन का
शर्मभरा कौतुक! तुम रूमझूम उठीं :
'बार बार क्या देखता है रे?
बता पहले, बता पहले, बता...'
और भी शरमा गया तुम्हारे शब्दों की
ठसक की ठेंस खाकर। बोला नहीं कुछ।
सिर्फ़ नीचे खींच लिया अपनी कमीज का किनारा।

(अनुवाद : निशिकांत ठकार)

त्रिवेणी–3

...तुमच्या परसवांतील कलमांच्या आंब्याची
वाळलेली पातेरी आपण पुंजावली
आणि पेटवली फुरफुरणारी शेकोटी.

मीं विचारलें : 'तूं येणार का
मावशीच्याबरोबर?' तूं म्हणालीस,
'कधींसुद्धां नाहीं.' 'कां?'
तूं थांबलीस. आणखी थोडीं
सुकलेलीं पानें शेकोटीवर टाकीत
मीं विचारलें, 'कां? कां नाहीं?'
तूं म्हणालीस : 'तूं तसा
कशाला वागतोस?' मीं भांबावलों.
मोडलेल्या मनानें घातलीं भराभर
आणखी कांहीं सुकलेलीं पानें
विझणाऱ्या विस्तवावर. चाळवला जाळ,
गुरें हाकवायच्या निगडीच्या काठीनें.

त्रिवेणी–3

तुम्हारे पिछवाड़े के क़लमी आम के
सूखे पत्तों को हमने सुलगाया
और जलाया अलाव धधकता हुआ।

मैंने पूछा : 'क्या तुम आओगी
मौसी के साथ?' तुमने कहा,
'कब्भी नहीं।' 'क्यों?'
तुम रुक गयीं। और कुछ
सूखे पत्ते डालते हुए अलाव में
मैंने पूछा, 'क्यों? क्यों नहीं?'
तुमने कहा, 'तुमने वैसा
बर्ताव क्यों किया?' मैं चकरा गया।
टूटे मन से डाल दिये जल्दी जल्दी
और कुछ सूखे पत्ते
बुझते हुए अंगारों की राख पर
आग को कुरेदा
मवेशियों को हाँकने की निर्गुडी की छड़ी से।

(अनुवाद : निशिकांत ठकार)

त्रिवेणी-4

...पांढऱ्या पातळाची कळी होऊन
तूं खिदळलीस, देवीच्या वहाळावर,
धुणें घेऊन आलेली.
कोंडींतील भोवऱ्यांच्या
चंचल चक्रव्यूहांत होतीं गुरफटलीं
उंबराचीं फळें. आणि दरडीवरील
कललेल्या निवडुंगावर होत्या डवरल्या
बुरंबुळ्याच्या शेंगा, हिरव्यागार शिताचौरीचे
सुईदार झुबके.
पाहिली तुला
प्रथमच पालवलेली. पाहिली सळसळणाऱ्या
पिवळ्या, लांबट सर्पटोळीप्रमाणें
पिवळ्या उन्हाचीं वल्कलें नेसलेली
गरम गोऱ्या शरिराची धार...

त्या दिवशीं
तूं परतलीस निराळ्या दिशेनें
नेहमींच्या वाटेला, डाव्या पायाच्या
उर्मट आंगठ्यानें जेव्हां चिरडलास
फुललेला तेरडा.

त्रिवेणी-4

उजली धोती की कली बनकर
तुम खिलखिला पड़ीं, देवी की नदिया पर
कपड़े धोने आयी थीं।
                                        पानी की गहराई के भँवर के
चंचल चक्रव्यूह में उलझ गये थे
गूलर के फल। और चट्टानों पर
उगी नागफनी पर खिल उठी थी
बुरंबुली की फलियाँ, हरी हरी सीताचौरी के
नुकीले गुच्छे।
                                        देखा तुमको—
पहाड़ी बार नयी बहार में। देखा सरसराती
पीली लम्बी साँपों की टोली-सी
पीली धूप के बल्कल पहने
गर्म गोरे बदन की धार...

                                        उस दिन
तुम लौट गयीं अलग दिशा से
हमेशा की राह पर। बायें पैर के
उद्धत अँगूठे से जब कुचल दिया
खिली हुई गुलमेहँदी को।

(अनुवाद : निशिकांत ठकार)

त्रिवेणी—5

...टाकळयाच्या पाल्याची ठसठशीत भाजी
आजीच्या आवडीची तूं केलीस
आणि माझ्यासाठीं काकडीचे घावन
        आणि संध्याकाळीं
केळीच्या खालीं केळफुलाकडे पहात
तूं विचारलेंस...
        तें विसरलों!
घसरलों हळूहळू; पसरलों पापांतून
आणि वंचनेचीं डोळस मोरपिसें
मनाला बांधून नाचलों जगापुढें.
तेव्हां म्हणालीस...
        तेंही विसरलों!
पाहिजे ठसवलें असेंच कांहीं तरी
न मानणाऱ्या मनावर.

त्रिवेणी-5

...चकवँड़ के पत्तों की ठस भाजी
दादी की प्यारी, तुमने बनायी
और मेरे लिए ककड़ी का चीला
और शाम को
केले के पेड़ के नीचे केले के फूल देखते हुए
तुमने पूछा—
उसे भूल गये!
फिसल गया हल्के हल्के; फैल गया पापों में
और वंचना की आँखवाले मोरपंख
बाँधकर मन को नचा लिया दुनिया कें सामने।
तब तुमने कहा—
उसे भी भूल गये!
किसी तरह कुछ समझाना होगा
न माननेवाले मन को।

(अनुवाद : निशिकांत ठकार)

त्रिवेणी–6

नाकारलेल्या स्वप्नानें सूड घेऊन
तुला निजविलें पुण्याच्या बरोबर.
आणि नवऱ्याशीं
व्यभिचार करतांना तुला पाहिली!

सुप्त समाधान. तुझ्या कण्याचें
भूस झालेलें मीं पाहिलें!
पंख तोडल्यावर उरलेल्या पिसांनीं
केलेली धडपड
मीं पाहिली
बुडतांना तहानेलेली; फुटूनही अतृप्त.
एकटी, एकेकटी, एकट्यानें, एकांतांत.
पाहून संतोषलों
तुझ्या कपाळावरील मंडोळ्यांचे वण,
तुला वेडावणारे. प्रीतीच्या सूडांतील
कडवट विषानें चढणारा उन्माद
जाहला धन्य, जेव्हां मिळालें
तुझ्या पापाला पुण्याचें प्रायश्चित.
आणि नवऱ्याशीं
व्यभिचार करतांना तुला पाहिली.

त्रिवेणी-6

नकारा था जिनको उन सपनों ने बदला लेकर
तुम्हें सुला दिया पुण्य के संग।
        और पति के साथ
व्यभिचार करते हुए देखा तुम्हें!

सुप्त सन्तोष, तुम्हारी रीढ़ को
भुस होते हुए देखा!
पंखों को तोड़ देने के बाद बचे हुए परों ने
जो छटपटाहट की
        मैंने उसे देखा।
डूबते हुए भी प्यासी को; टूटकर भी अतृप्त!
अकेली, एकाकी, अकेले, एकान्त में,
        देखकर सन्तोष हुआ।
तुम्हारे माथे पर सेहरे के दाग़
तुम्हें मुँह चिढ़ानेवाले प्रीति के प्रतिशोध के
कड़ुए ज़हर-सा चढ़ने वाला उन्माद
हो गया धन्य, जब मिल गया
तुम्हारे पापों को पुण्य का प्रायश्चित,
        पति के साथ
व्यभिचार करते हुए तुम्हें देखा मैंने।

(अनुवाद : निशिकांत ठकार)

त्रिवेणी–7

एका क्षणांतील विराट सामर्थ्यांनें
पूर्वरचित आयुष्य फुंकरानें उडवीत
        एक दिवस
धिमीं धिमीं पावलें टाकीत
उंबरा ओलांडून आंत आलीस
आणि म्हणालीस:
        'मी आलें.'
सरळ पाहात डोळ्यांतील डोळ्याकडे
फक्त म्हणालीस; 'मी आलें.'
युगायुगांची वाट पाहणारा
मी दचकलों.
        मी दचकलों.

आणि दृष्टी मातीशीं मिळवीत
बोललों कांहीं तरी : 'खरीच आलीस!'
पण होतों समजलों सारें
खऱ्याचें सामर्थ्य. म्हणूनच भेदरलों
अंतरातल्या पोकळींत.
        आणि तुला
क्षणांत उमगलें गेलेलें श्रेय.
ज्याच्या डोक्यावर उभी राहून
होता मानलास स्वर्गहि ठेंगणा.
भरलेल्या डोळ्यांतील मरणाऱ्या आकांक्षेचीं
मढीं सावरीत तूं म्हणालीस:
                'मी जातें.'

त्रिवेणी-7

एक पल की विराट शक्ति से
पूर्वरचित ज़िंदगी को फूँक से उड़ाती हुई
        एक दिन
धीमे धीमे कदम बढ़ाती
देहरी लाँघकर भीतर आ गयीं
और तुमने कहा :
        'मैं आ गयी।'
सीधे देखती हुई आँखों आँखों में
सिर्फ़ इतना ही कहा;
'मैं आ गयी!'
युगों युगों से राह देखने वाला
मैं सहम गया।
        मैं सहम गया!

और नज़र को माटी से मिलाता हुआ
कुछ बोल गया : 'सचमुच आ गयीं!'
लेकिन समझ गया था सबकुछ
सच्चाई की ताक़त को। इसीलिए डर गया
अन्तर की खोखल में।
                                और तुम
पल के भीतर समझ गयीं बीते माधुर्य को।
जिसके माथे पर खड़ी रहकर
स्वर्ग को भी बौना समझ लिया था।
भर आई आँखों में मरनेवाली आकांक्षाओं की
लाशों को सँवारते हुए तुमने कहा था :
                        'मैं जाती हूँ।'

आणि नकली 'थांब' म्हणण्यापूर्वींच
गेलीस मावळून दूर दर्यापार
दूर दर्यापार लाटांच्या विस्तारांत;
जरी अजुनही पछाडतात शब्द
'मी आलें' रात्रीच्या घोरण्यांत.
आणि उजाडतो दिवसाचा काळोख.

और बनावटी 'रुक जाओ न!' कहने से पहले ही
उतर गयीं तुम दूर दरिया पार
दूर लहरों के विस्तार में;
फिर भी अभी तक गूँज रहे हैं शब्द
'मैं आ गयी' रात के खर्राटों में।
और उग आता है दिन का अन्धकार।

(अनुवाद : निशिकांत ठकार)

त्रिवेणी-8

फिक्या फिक्या संध्याप्रकाशांत
जेव्हां तडकल्या तटांच्या भिंती
आणि लागलीं इंद्रियांतून निरांजनें
अफाटला आवेग मातलेल्या केसांतून,
ओलावलेल्या.
            कॉटवर रेलून
छाती उचलणाऱ्या धुंद मौनानें
तूं पछाडलेंस माझें सर्वांग
विजेच्या झोतांत, म्हणालीस निःशब्दानें,
शब्दातीत, असह्य. पेटवतांना.
पेटलेली.
            विजेच्या झोतांत...
डळमळले प्रासाद डचमळलेल्या सरोवरांत;
झालें कणाशीं क्षणाचें मीलन.
आणि निसटलों क्रांटुमच्या पकडींतून
पलीकडच्या प्रकाशांत, ओथंबलेल्या.
तेव्हां विरघळलों अंतरांतल्या सुगंधांत
आणि वातावरण घट्ट झालें.
तेव्हां उमगलें जागत्या जडाचें
अर्थपूर्ण मुकेपण. मुक्यानेंच बसलों
मुक्या मुक्या वस्तूजवळ. आणि अनुभवला
शिसव्याचा स्पर्श, कणखर, करडा;
सागवनाचें सीधेपण, समजुतदारपणा.
जगण्यांतील यथार्थता, न जगण्यांतील पुरेपण.

त्रिवेणी–8

फीके फीके सान्ध्य प्रकाश में
जब दरक गयीं परकोटे की दीवारें
और जल उठे इन्द्रियों में नीरांजन
बेकाबू हो गया आवेग मतवाले बालों में—
भीगे हुए।
खाट पर झुककर
सीना उठाये बेहोश मौन से
तुमने आवेश में ला दिया मेरे सर्वांगों को
बिजली की तेज़ रोशनी में, कहा निःशब्द से,
शब्दातीत, असहनीय। सुलगाते हुए।
सुलगती हुई।
बिजली की तेज़ रोशनी में...
डगमगा गये प्रासाद ढुलक पड़े सरोवर में;
कण से क्षण का मिलन हुआ।
और छूट गये क्वांटुम की पकड़ से
उस पार की रोशनी में, सराबोर।
गल गये अन्तर की सुगन्ध में
और वातावरण गाढ़ा हो गया।
तब समझ में आया जागनेवाले जड़ का
अर्थपूर्ण गूँगापन। गूँगेपन में ही बैठ गये
गूँगी गूँगी चीज़ों के साथ। और अनुभव किया
शीशम का स्पर्श ठोस, कड़ा;
सागौन का सीधापन, समझदारी।
जीने की यथार्थता, न जीने का पूरापन।

फिक्या फिक्या संध्याप्रकाशांत
मुक्या मनानें आपण मिसळलों
तेव्हां तूं तूं नव्हतीस आणि मी मी नव्हतों.
पण होती जाणीव साकारली
वासनेच्या आकारांत. गेलीं झडून
संस्कारांचीं पापें आणि उमटला
अनादि रक्तरंग, अशा वेळीं
तूं तूं नव्हतीस आणि नव्हतों मी मीही.
होतों झपाटलेलों पंचमहाभूतांनीं
फिक्या फिक्या संध्याप्रकाशांत...
...जेव्हां उठलों
दाट अंधारांतून विझलेल्या शरीरानें
तेव्हां वाटलें, आपण शिजविलें
पाषाणयुगांतील गुहांच्या गाभाऱ्यांत
निष्पाप नरमांस. अपापाचा नैवेद्य.
आणि लावलें सुरेचें निरांजन
शरीराच्या उंबरठ्यावर अनंताच्या आरतीसाठीं.
फिक्या फिक्या संध्याप्रकाशांत
चाळला अंधार रंध्रारंध्रांतून;
लावलीस तबकडी प्रत्येक पेशीची,
जिच्या सजीवतेंत होतें कोरलेलें
अनादी रक्तसंगीत...
...बांधलेस नाग
विजेच्या कमरेला...
...आणि शिरशिरली
स्पर्शाची पालवी रक्ताच्या मोहरावर...
आणि शरीरानेंच दिली पटवून
शरीराची अपूर्णता, जेव्हां उडालें
सूर मारणारें निळें पांखरू
निळ्या आकाशांत अनंताच्या वाटेनें
फिक्या फिक्या संध्याप्रकाशांत.

फीके–फीके सान्ध्य प्रकाश में
मौन मन से हम समा गये एक दूसरे में
तब तुम तुम नहीं थीं और मैं मैं नहीं था।
लेकिन थी एक प्रतीति साकार होती हुई
वासना के आकार में। झड़ गये सब
संस्कारों के पाप और अंकित हो गया
अनादि रक्तरंग। ऐसे समय
तुम तुम नहीं थीं और नहीं था मैं मैं भी।
पंचमहाभूतों से आविष्ट थे दोनों
फीके फीके सान्ध्य प्रकाश में...
...जब उठ पड़े
घने अँधेरे में बुझे हुए शरीर से
तब लगा हमने पकाया
पाषाणयुग की गुफाओं के गर्भागार में
निष्पाप नरमांस। अपाप का चढ़ाया भोग।
और जला दिया सुरा का नीरांजन
शरीर की देहरी पर अनन्त की उतारने आरती।
फीके फीके सान्ध्य प्रकाश में
छान लिया अँधेरे को रन्ध्र रन्ध्र में;
लगा दी रिकार्ड हरएक पेशी की,
जिसकी सजीवता में उकेरा गया था
अनादि रक्तसंगीत...
...बाँध दिये नाग
बिजलियों की कमर में...
...और सिहर उठे
स्पर्श के पल्लव रक्त के बौर पर...
और शरीर ने ही समझा दिया
शरीर के अधूरेपन को, जब उड़ गया
उड़ान भरने वाला नीला पाँखी
नीले आकाश में अनन्त की राह
फीके फीके सान्ध्य प्रकाश में।

(अनुवाद : निशिकांत ठकार)

त्रिवेणी-9

वाहत्या वाळूचीं अचाट मैदानें
लोळणारीं
तीं तुला आठवतात का?
दगडाचें गांभीर्य डोळ्यांच्या ओसाडांत
अवेळीं उगवलेले. पेटलेला पर्जन्य.
स्मृतींच्या ठिणग्या, ठिसूळ, ठेचलेल्या,
आठवतात का?

उध्वस्त मनांच्या
दुभंगलेल्या दरींतून संथ संथ
पावलें टाकणारा एकलकोंडा समंध...
बुटांचा आवाज...एकटा...एकटा...
रवंथ करणारी आंधळी जिगीषा.
डोळस भविष्याचें मुंडकें नसलेलें
वर्तमानकाळाचें धावणारें कबंध...
आठवतें का?

आणि प्रारंभ
उसन्या हातघाईचा. सोन्याच्या उंबरठ्यावरील
चाटलेलें अन्न दुसऱ्यांनीं हुंगलेलें
आपल्याला हवेंहवेंसें. खंगलेले बेत.
अवसानघातकी आत्मा वेदीवरुन पळालेला.
सुखाला हपापलेला, मींच शापलेला.
हीं सारीं आठवतात का?

त्रिवेणी-9

बहती रेत के अछोर मैदान में
लोटने वाले
        क्या तुम्हें उनकी याद आती है?
पत्थर की संजीदगी आँखों की वीरानी में
बेवक़्त उभर आयी। सुलगी हुई बारिश!
स्मृतियों की चिनगारियाँ, फुसफुसी, कुचली हुईं,
याद आती हैं?

        ध्वस्त मनों की
दुर्गम घाटी में
एकान्तवासी ब्रह्मराक्षस...
बूटों की आहत...अकेला...अकेला...
जुगाली करती हुई अन्धी जिजीविषा
चौकन्नी आँखों का मुण्डविहीन भविष्य
वर्तमान का दौड़ता हुआ कबन्ध...
याद आता है?

                                        और प्रारम्भ
उधार की जल्दबाज़ी का। सोने की दहलीज़ पर
चाटा हुआ अन्न। दूसरों का सूँघा हुआ,
हमें बहुत चाहिए-सा। दुबले होते इरादे।
दगाबाज़ आत्मा—वेदी से भागी हुई।
सुख को ललचाई, मुझसे ही शापित।
क्या इन सबकी याद आती है?

खजाणऱ्या क्षतावरील
मातीचें भस्म; आणि मंत्र
उग्र आततायी.
            आठवतात का?
हे प्रबले! या स्मृतींच्या
मंडोळ्या बांधून साणेवर चढतांना
तुझ्या इंद्रियांचा सोनेरी कळप
तुझ्या प्रीतीचें रक्षण करो!

खुजलाने वाले ज़ख़्म पर
मिट्टी की भस्म; और मन्त्र
उग्र अत्याचारी।
        याद आते हैं?
हे प्रबले! इन स्मृतियों का
सेहरा बाँधकर सान पर चढ़ने वाली
तुम्हारी इन्द्रियों का सुनहला झुण्ड
तुम्हारी प्रीति की रक्षा करे!

(अनुवाद : निशिकांत ठकार)

त्रिवेणी–10

अश्वघोषाच्या कंठाला शोष पाडणारें
अपार आराधन...कशाला?
            उरांतलीं उचकी
जिरते उरांतच. आणि उरतें
हळूहळू पिकणारें स्वयंतुष्ट पीडासुख.
कापराप्रमाणें जातो उडून
प्रसंगांतील भावगर्भ आणि राहतो
रचनेचा आलेख स्थलकालाच्या संदर्भांत
जेव्हां संपते अविकलेलें पीडासूखही.
                        हें आहे
दोघांनाहीं उमगलेलें, दोघांतलें सत्य.
आठवतें का? किती अचानक
भेटली होतीस, किती वर्षांनीं!
विजेच्या आगगाडींत. आणि तरीही
नाहीं जाणवली जुनी अचानकता.
पण पूर्वी अशा अकल्पित
अचानक भेटींत कशी विजेनें
दाटली होतीस. कशीं होतों
स्मृतींना ठेचाळलों. कशी होती
थरारली हवा अंतराच्या वेदनेनें.
हें गेलेलें!
                आतां भेटूनही
असतों न भेटलेलीं; दूर जाऊनही
नाहीं उरत दुरावल्याची जाणीव.

त्रिवेणी-10

•

अश्वघोष करने वाले का कण्ठ सूख गया है
अपार आराधन...किसिलए?
उर की हिचकी
उर में ही दब जाती है और बच जाता है
धीरे धीरे पकनेवाला स्वयंतुष्ट सुख पीड़ा का।
कपूर की तरह उड़ जाता है
प्रसंगों का तरल भाव और बाकी रह जाता है
रचना का आलेख क्षेत्रकाल के सन्दर्भ में
जब खत्म हो जाता है अनबिका पीड़ासुख भी।
यही है—
दोनों जिसे समझे हैं, दोनों के बीच का सत्य।
याद आता है? कैसे अचानक
मिल गयी थी, कितने बरसों बाद
बिजली की रेल में! और फिर भी
नहीं महसूस हुई पुरानी अचानकता।
लेकिन पहले ऐसे अकल्पित
अचानक मिलन में कैसी बिजली
दमक जाती थी! कैसी खायी थी
ठेस स्मृतियों से! कैसे थरथरायी थी
हवा दूरी की पीड़ा से!
यह सब ख़त्म हो गया था।
अब मिलने पर भी
नहीं मिले जैसे होते हैं, दूर जा कर भी
नहीं रह जाता बिछुड़ने का बोध

आतां आहे परस्परसंबंधाची
रंगहीन साखळी बुद्धीच्या संदर्भांत,
क्षणांच्या रांगोळींतील घटनांचीं विचित्रे,
आहे अजूनही कांहींसें प्रामाणिक
विरूप, विपरीत, दुःखातील दुःख
दुःखाच्याच उणिवेचें.

...म्हणाली होतीस
(कांहींसें थट्टेनें): 'तुझ्या हाडांच्या
पोलादी नळयांतून हिमगार मृद्‌गंध
कशाला फुंकतोस?'
म्हणालों होतों,
'विझविण्यासाठीं'; म्हणाली होतीस,
'फक्त बुझविण्यासाठीं, मला बुझविण्यासाठीं.'
(कोणी म्हणाले; 'रिझविण्यासाठीं'!)
पण आतां चपापली असशील
पाहून दैवाचें
विजेच्या चमच्यानें काळोख भरविणारें
विराट वात्सल्य...
...निदान असावें
आपणाला स्वातंत्र्य आपण बांधलेलें
नाट्यगृह कोसळण्याचें, वाढदिवसानिमित्त...
...छातीच्या सापळ्यांतील मुठीएवढ्या उंदिरावर
कशाला वटारतेस मांजराचे डोळे,
ज्यांतील संपलें रडण्याचेंही सामर्थ्य?

अब है परस्पर सम्बन्धों की
रंगहीन शृंखला बुद्धि के सन्दर्भ में,
क्षणों की अल्पना की घटनाओं के अजूबे,
है अब भी कुछ ईमानदार
विरूप, विपरीत दु:ख के भीतर का दु:ख
दु:ख की ही कमी का।

...कहा था तुमने
(कुछ मज़ाक से): 'अपनी हड्डियों की
फौलादी नसों से हिमशीत मृद्गन्ध
क्यों फूँकते हो?'
कहा था मैंने,
'बुझाने के लिए', कहा था तुमने,
'सिर्फ़ बुझाने के लिए—मुझे बुझाने के लिए!'
(किसी ने कहा, 'रिझाने के लिए!'
लेकिन अब चौंक गयी होगी
देखकर नियति का
बिजली के चम्मच से अँधेरा खिलाने वाली
विराट वत्सलता को...
कम से कम हमें
आज़ादी हो अपने ही बनाये
नाट्यगृह को गिराने की, जन्मदिन के उपलक्ष्य में...
छाती की ठठरी में मुट्ठी जितने चूहे को
क्यों तरेरती हो बिल्ली की आँखों से,
खत्म हो गयी है जिनसे रोने की भी ताक़त?

(अनुवाद : निशिकांत ठकार)

क्षणांत अद्भुत होतें

मला न मिळलें होतें मीपण माझें—
जरी समजलें होतें,
किलबिलणारीं पानें,
पिउनी दूध उषेचें
पुटपुटती कां टिपटिपणारें गाणें.

मला न मिळलें होतें मीपण माझें—
जरी उमगलें होतें,
साधेभोळे दिसणारे हे डोंगर
पसरुन अपुल्या शरिराचें अवडंबर
गुडध्यामध्यें खुपसुन अवजड डोकें
वाट पाहती पुढच्या उग्र क्षणाची.

मला न मिळलें होतें मीपण माझें—
जरी उमगलें होतें,
आम्रतरूच्या सगुण सावलीखालीं
रवंथ करणाऱ्या रेड्याला पडतें
स्वप्न भाबडें अजुनी ज्ञानेशाचें.

मला न मिळलें तरिही मीपण माझें;
मला न कळलें होतें मीही आहें;
जरी समजली होती
महानुभावी भाषा, संकेत तिचे.
परंतु जेव्हां
तुझ्या उरांतिल गुदमरणारें गाणें

क्षण में अद्‌भुत...

अभी न मिला था मुझको अपना मैं-पन...
हालाँकि समझ गया था,
किलकती पत्तियाँ
दूध पीकर उषा का
क्यों गुनगुनाती हैं टिपटिपा गाना।

अभी न मिला था मुझको अपना मैं-पन...
हालाँकि जान गया था,
भोले भाले दिखते ये पहाड़
फैलाकर अपने शरीर का आडम्बर
घुटने में खोंस सिर भारी भरकम
इन्तज़ार करते हैं आने वाले उग्र क्षण का।

अभी न मिला था मुझको अपना मैं-पन...
हालाँकि जान चुका था,
आम्र तरु की सगुण छाया तले
जुगाली करता भैंसा
अब भी देखा करता है
ज्ञानेश्वर का भोला भाला सपना।

अभी न मिला था मुझको अपना मैं-पन...
जान नहीं पाया था, मैं भी हूँ;
हालाँकि समझ गया था
महानुभावी भाषा, इशारे उसके
मगर जब
तुम्हारे हृदय में घुटता गाना

गाउं लागलें स्पर्शपल्लवी गाथा
अन् फुटला क्षण,
अनुभवलें मीं प्रथमच माझें मीपण, रक्तस्वप्नसें.
मी धडपडलों,
ठेच लागुनी चंद्राची, सूर्याची;
आणि चाटली वीज भयानक, स्वेदगंधिता;
मला उमगलें मीही आहें, आहें,
मीही होतों आणिक मीही होइन.
त्रिगुणसत्य हें त्रिकालदर्शी
ओघळलें तव अंगावरुनी;
आणिक तें गिळण्यास्तव
चोच उघडली अलगद चित्रलिपीनें, मन्मनांतल्या.

अजुनीसुद्धां नकळत
अनुभूतीच्या आठवणीचा पडतो दाब विलक्षण
अन् फुटतो क्षण.
आणिक नंतर
क्षणांत अद्भुत होतें
अलगद माझेंपण माझ्याशीं येतें.

गाने लगा स्पर्शपल्लवी गाथा
फूटा क्षण
हुआ अहसास पहली बार अपने 'मैं-पन' का—रक्तस्वप्न-सा।
मैं लड़खड़ाया
ठोकर से चाँद की, सूरज की
चख ली बिजली भयानक स्वेदगन्धिता;
समझ गया हूँ, मैं भी हूँ, हाँ हूँ
मैं भी था और रहूँगा।
त्रिगुणसत्य यह त्रिकालदर्शी
शरीर से तुम्हारे टपकता हुआ
और उसे पीने की ख़ातिर
मेरे मन की चित्रलिपि ने चोंच खोल दी हौले से।

और आज भी अनजाने में
अनुभूति की याद के बेतरह दबाव से
फूटता है क्षण
और होता है घटित
क्षण में अद्‌भुत
मेरा अपना 'मैं-पन' मिल जाता है हौले से।

(अनुवाद: रेखा देशपांडे)

मला टोचतें मातीचें यश

श्रावणांतलें ऊन रेशमी
आकाशाला बांधुन ठेवी
घट्ट धरेशीं.
सह्याद्रीच्या गळ्यांत पडती
श्रावणांतल्या सरी सराइत
ओलेत्यानें.
आणि ओणव्या माळालाही
हंबरणारा अवखळ वारा
ढुशी मारतो भलत्या जागीं.
अडचणींतल्या पाउलवाटा
अंग चोरुनी हळूच पळती
माझ्या जवळुन
मजळा टाळुन.
—ब्रह्म जाहलें धरणीला वश;
अशा प्रसंगीं, आंत कुठेंसें
मला टोचतें मातीचें यश.

मुझे चूभता माटी का यश

सावन की वह धूप रेशमी
आसमान को बाँधे रखती
        चुस्त धरा से।
सह्याद्रि से गलबाँही करती
सावन की बौछारें गीली
        और चंट भी
औ' औंधी परती को भी
धकियाता है पवन ऊधमी रँभाने वाला
बेहूदा जगहों पर।
अड़चन में आयी पगराहें
अंग चुराकर भगतीं हौले से
निकट मुझी से
        टाले मुझको
—ब्रह्म हो गया धरती के वश
अवसर पर ऐसे, भीतर तक मेरे
मुझे चूभता माटी का यश।

(अनुवाद : चंद्रकांत बांदिवडेकर)

उंट

क्षितिज नाचलें वाळूभवतीं
वाळु बरळली, 'नाहीं, नाहीं.'
अशाच वेळीं उंट उगवला;
आणि म्हणाला, 'करीन कांहीं.'
अन् मानेच्या बुरुजावरती
चढले डोळे अवघड जागीं;
क्षितिज पळालें दूर दूर अन्
वाळु जाहली हळूच 'जागी.'
रूप पाहुनी असें अजागळ
भुललें वाळूचें भोलेंपण;
आणि तिच्या त्या वांझपणावर
गळला पहिला सृजनाचा क्षण.

उंट चालला वाळूवरुनी
वाळु म्हणाली, 'आहे, आहे.'
...खय्यामानें भरले पेले;
महम्मदानें रचले दोहे.
हा यात्रेकरु तिथें न खळला.
निळा पिरॅमिड शोधित जाई!
तहनिसाठीं प्याला मृगजळ;
भूक लागतां तहान खाई.
निळा पिरॅमिड दिसला का पण?
...खूण तयाची एकच साधी...

निळा पिरॅमिड दिसतो ज्याला
तोच पिरॅमिड बनतो आधीं.

ऊँट

क्षितिज मनाता रहा रेत को
        रेत ने कहा, 'नहीं, नहीं'
ऐसे में आकर ऊँट ने कहा,
        'कर गुज़रूँगा कुछ मैं ही।'
बस, गर्दन के कठिन बुर्ज़ पर
        आँख उसकी चढ़ बैठीं;
भागा क्षितिज दूर बहुत
        धीरे से रेत की 'आँख खुली'।
रूप देख वह ऊटपटाँग
        भोली रेत का आ गया मन
बाँझ रेत पर आकर गिरा
        सृजन का वह पहला क्षण।

ऊँट चला जो रेत रेत तो
        रेत ने कहा, 'है, हाँ है'
...प्याले भरे उमर खय्याम ने
        और रचे मोहम्मद ने दोहे।
पथिक वहाँ पर रुके बिना
        नील पिरामिड चला खोजने,
प्यास बुझायी मृगजल से औ'
        प्यास खा गया भूख मिटाने।
नील पिरामिड देख भी पाया?
        ...उसकी पहचान यही एक...

नील पिरामिड देखा जिसने
        स्वयं पिरामिड वही हो गया। (अनुवाद : रेखा देशपांडे)

कृपा

मीं न मानिली
अनंतांतल्या दरडीवरची
ती दादागिरि, कडेलोट तो
—मीं न साहिला—अंधारांतिल.
तें मोक्षाचें शुष्क विलोभन
मीं न याचिलें.
या सर्वावर थुंकुनि गेलों
लाल पिंक मीं.

आणि उमगलें
—आज पाहतां वळुनी मागें—
त्या पिंकेवर तुझ्या कृपेचें
इंद्रधनू नव.

कृपा

मैंने नहीं सेटी
वह अनन्त की ऊँची कगार
पर बैठी दादागीरी
अँधेरे में खाई झोंक का दंड।
क्यों सहता—
मैंने नहीं माँगी
मोक्ष की वह नीरस बख़्शीश
इन सब पर मैं थूकता गया
लाल पीक।

आज मुड़कर देखा,
और लो, देखता हूँ कि उसी पीक की फुहार पर
खिल आया है तुम्हारी कृपा का
इन्द्रधनुष नया!

(अनुवाद : धर्मवीर भारती)

गांठ

रक्तक्षयी संध्या
क्षितिजाच्या कटड्यावर तोल सावरीत
झाली अदृश्य—पश्चिमेच्या रुग्णालयांत.
बाकड्यामागील
नारळीच्या पात्या होत्या थरथरल्या
वाऱ्याच्या स्पर्शानें.
ती म्हणाली,
'आठ वर्षापूर्वी याच नारळीच्या
हिरव्या पात्या होत्या लागत
आपल्या पाठीला! आठवतात ना?'
त्याला आठवलें,
कसे आपण दचकलों होतों
जेव्हां घेतांना हपापलेलें चुंबन
झाला पाठीला पात्यांचा स्पर्श
आणि धसकलें अकल्पित भय
—संवेदनेच्या शिखरावर भटकणारा हिममानव—
'होय आठवतें'
तो म्हणाला, '...आणि पाहिलेंस?
एवढ्याशा नारळीवर केवढाले नारळ!'
त्याला नकळतच
तिच्या उणेपणाला झाला स्पर्श
अहेतुक शब्दांचा...आणि नंतर
पदर सावरून तिनें घेतली
प्लॅस्टिकची पर्स सपाट छातीवरील
हातांच्या मिठींत.

गाँठ

रक्तक्षयी सन्ध्या
क्षितिज की मुँडेर पर स्वयं को सँभालती
हो गयी अदृश्य—पश्चिम के रुग्णालय में।
        बेंच के पीछे वाले
नारियल वृक्ष की पत्तियाँ थरथरायीं
हवा के स्पर्श से।
                    उसने कहा,
'आठ वर्ष पूर्व इसी नारियल वृक्ष की
हरी पत्तियाँ थीं चुभ रहीं
अपनी पीठ पर! याद है ना?'
        उसे याद आया,
कैसे वे चौंक गये थे
जब ललकभरा चुम्बन लेते समय
पीठ को छू गयी थीं पत्तियाँ
और काँप गया अकल्पित भय
—संवेदना के शिखर पर भटकता हिम मानव—
        'हाँ, याद है।'
उसने कहा, '...देखो तो!
इतने से नारियल वृक्ष पर कितने बड़े नारियल!'
        उसके अनजाने ही
उसकी न्यूनता को हुआ स्पर्श
सहज उच्चरित शब्दों का...और फिर
आँचल सँवारते हुए उसने जकड़ लिया
प्लास्टिक का पर्स सपाट वक्ष पर रखे
हाथों के बीच।

'एक विचारूं?'
ती म्हणाली, 'आपण असें हें'
किती वेळ भेटायचें, किती वेळ भेटायचें?'
'देव व दानव' या सार्त्रच्या नाटकांतील
खुणेचें बोट मागेंपुढें करीत
तो पुटपुटला, 'कुणास ठाऊक.'
थोडासा त्रासलेला, खचलेला, खंगलेला.
ती चिडचिडली,
'तुम्हांला, तुम्हांला.'
आठ वर्षांपूर्वी त्याच्या ज्ञानाला
असलेली निश्चितता होती विरघळली
परिस्थितीच्या सांडपाण्यांत. त्याला आठवलें
त्यानें केलेलें युद्धचें महाभाष्य;
बांधलेले आडाखे; भविष्याच्या धुक्यावर
कोरलेले किल्ले...कोसळलेले.
[युद्धविरामाच्या चवथ्या वाढदिवसाची
एक मिरवणूक होती चाललेली.
समोरच्या रस्त्यानें; होती पुकारीत
शांतीचें साम्राज्य पोलादी आवाजाने.]
तेवढ्यामध्येंच
त्याच्या मनाला गेली डिवचून
एक पूर्वस्मृती...दुसरीची;
निखळलेल्या क्षणाची...ज्योतीभवतीं
पिंगा घालणारे ते दिवस
अकालीं खुरटलेले वेदनेचें वैभव
अवीट, हरवलेलें. 'छे, अशक्य,
तें आपणाला नव्हतें झेपणारें;
पण असतें तर...पण असतें तर...
आपली छातीच रुंद असती तर!'
तो हसला आपल्याच मृतात्म्याला.
पुटपुटला मनाशीं, 'होतें होणारें.'
त्याच्या कपाळावरील दोन आठ्या

'एक बात पूछूँ?'
उसने कहा, 'हम यों इस तरह
कब तक मिलते रहेंगे, कब तक मिलते रहेंगे?'
सार्त्र के 'देव और दानव' नामक नाटक की
संकेतक उँगली को आगे-पीछे मोड़ते हुए
वह बुदबुदाया, 'कौन जाने!'
कुछ झुँझलाया-सा, हताश, बीमार-सा!
वह चिढ़ गयी,
'आपको, आपको।'
आठ साल पहले वाली उसके ज्ञान की
निश्चितता थी घुल गयी
परिस्थिति के गटर-जल में। उसे याद आया —
युद्ध को लेकर उसका किया हुआ महाभाष्य;
लगाए हुए अनुमान; भविष्य के कोहरे पर
उकेरे हुए किले...धराशायी!
[युद्ध विराम की चौथी सालगिरह के उपलक्ष्य में
एक जुलूस चला जा रहा था
सामने वाली सड़क से; पुकार रहा था
शान्ति के साम्राज्य को फ़ौलादी आवाज़ में।]
इसी बीच
उसके मन को कुरेद गयी
एक पूर्व स्मृति...किसी और की;
टूटे बिखरे क्षणों की...ज्योति के इर्दगिर्द
मँडराने वाले वे दिन
असमय गतिरुद्ध। वेदना का वैभव
चाहत भरा, खोया हुआ। 'नहीं, असम्भव,
उसे झेलने की क्षमता ही नहीं थी मुझमें;
पर होती तो...यदि होती तो...
यदि मेरा ही सीना कहीं चौड़ा होता तो!'
वह हँस पड़ा अपनी ही मृतात्मा पर।
बुदबुदाया मन ही मन, 'होनी होकर रहती है।'
उसके माथे की दो सलवटें

होत्या ओलावल्या वैशाखी उन्हाळ्यानें.
'तुम्हांला' ती म्हणाली, 'तुम्हांला.'
लडिवाळ आर्जवानें (अर्थात् घोकलेल्या,
एकनाथ सामताच्या बरोबर हिंडतांना.
...जर नाथाला नसतें मिळालें
कायमचें कमिशन...तर कदाचित्...
पण कशाला...हलकट.)
'तुम्हांला' ती म्हणाली, 'तुम्हांला.
विसरलांत वाटतें?...युद्ध संपल्यावर...
म्हणालां होतांत...'
'म्हणालों होतों; कांहीं थोडेंसें
स्वास्थ्य लाभल्यावर, स्थैर्य आल्यावर.
लटक्या रागाचें अवसान आणीत
ती किलबिलली कांहींसें अस्पष्ट,
बटणाशीं खेळतांना. ती खरोखर
कंटाळली होती; कंटाळली होती;
म्हणूनच कंटाळून नव्हतें भागणार
निदान आतां तरी!'
[दोन महिन्यांच्या पगाराइतका
बोनस मागणारा मजुरांचा मोर्चा
होता चालला गिरणीच्या दिशेनें
ठोकीत इन्कि 'लाभ'च्या आराळ्या...]
ती फुणफुणली, 'सांगा ना एकदां
केव्हां संपायचें तुमचें महायुद्ध.'

तो म्हणाला,
'कुणास ठाऊक, कुणास ठाऊक.'
'त्या पलीकडच्या वेड्याला विचारा!'
ती म्हणाली, चमत्कारिक उपरोधानें.
...रस्त्याच्या पलीकडून अर्धनग्न वेडा
चिंध्यांचें बोचकें डोक्यावर सावरीत
होता चाललेला अधिकांच्या शोधांत...

हो गयी थीं नम वैशाखी ताप से।
'आपको' उसने कहा, 'आपको'।
प्यार-मनुहार के साथ (बेशक, रटे हुए,
एकनाथ सामन्त के साथ घूमते हुए।
...यदि नाथ को न मिला होता
स्थायी कमीशन...तो शायद...
पर ख़ैर...नीच।)
'आपको' उसने कहा, 'आपको'।
भूल गये शायद?...युद्ध ख़त्म होने पर
कहा था आपने...'
'कहा तो था मैंने'; कुछ ज़रा-सी
खुशहाली आने पर, स्थिरता मिलने पर।
झूठमूठ के क्रोध से धैर्य जुटाकर
वह चहकी कुछ अस्पष्ट-सी,
बटन के साथ खेलते हुए। वह सचमुच
ऊब चुकी थी; ऊब चुकी थी;
इसीलिए तो ऊबने से बात बनने वाली नहीं थी
कम से कम इस समय।
[दो महीनों के वेतन जितना
बोनस माँगने वाले मज़दूरों का मोर्चा
चला जा रहा था कारखाने की ओर
लगाते हुए इन्क 'लाभ' के नारे...]
वह भुनभुनायी, 'बताइए न आख़िर
कब ख़त्म होगा आपका महायुद्ध?'

उसने कहा,
'कौन जाने, कौन जाने!'
'उस ओर वाले पागल से पूछिए!'
उसने कहा, विचित्र व्यंग्य के साथ।
...सड़क से उस पार अर्धनग्न पागल
चिंदियों की गठरी सिर पर सँभालता
चला जा रहा था और अधिक की खोज में...

त्याला वाटलें,
कसल्या तरी विराट चक्रांत
आपण दोघें आहों...अडकलेलीं...
आणि काळाच्या खड्या उतारावरून
तें चक्र आहे घसरत,
दिशाहीन, अनिच्छेनें...
इच्छाहीन नियतीच्या प्रचंड प्रवाहांत
त्याला जाणवलें आपल्या इच्छेच्या
भोवऱ्याचें स्वातंत्र्य; जाणण्याचें, न जगण्याचें.
निवडण्याचें, न घडवण्याचें.
त्या जाणिवेंतच
त्यानें काढली प्लॅस्टिकच्या पाकिटांतून
रिट्रेंचमेंटची नोटीस. आजच मिळालेली.
आणि आपल्या बटणाशीं खेळणाऱ्या
तिच्या हातावर त्यानें ठेवला
कागदाचा हुंदका.
त्या दिवशीं
ती परतली न परतण्याच्या इराद्यानें.
घेऊन उराशीं निराशेचें धैर्य;
जेव्हां पाहून भविष्याचा सांगाडा
वितळली मनांतील अनिश्चिताची भीती.
आज प्रथमच तिला गवसलें
एकटेपणाचें धैर्य. निराश निर्भयता.
आणि त्यालाही
लाभलें थोडेंसें आगांतुक समाधान
जेव्हां पाठमोरी झाल्याबरोबर
आठ वर्षांनीं आज प्रथमच
त्याला उमगली तिच्या शेपट्यांतील.
गंगावनाची गांठ.

उसे लगा,
किसी विराट चक्र के बीच
हम दोनों हैं...फँसे हुए...
और काल की खड़ी ढलान से
वह चक्र है फिसल रहा,
दिशाहीन, अनिच्छा से...
इच्छाहीन नियति के प्रचंड प्रवाह में
उसने अनुभव की अपनी इच्छा के
भँवर की स्वतन्त्रता; जानने की न जीने की।
चुनने की न गढ़ने की।
उसी एहसास में डूबे हुए
उसने निकाला प्लास्टिक के पर्स से
छँटनी का नोटिस। आज ही मिला हुआ।
और अपने बटन से खेलने वाले
उसके हाथ पर उसने रख दिया
कागज़, क्रन्दन करता-सा।
उस दिन
वह लौट गयी, न लौटने के इरादे के साथ।
लेकर हृदय में निराशा का धैर्य;
देखकर भविष्य का कंकाल
पिघल गया मन में दबा अनिश्चितता का भय।
आज पहली बार उसने पाया
अकेलेपन का धैर्य! निराश निर्भयता!
और उसे भी
मिला थोड़ा-सा अप्रत्याशित सन्तोष,
जब उसके पीठ फेरते ही
आठ वर्षों में आज पहली बार
उसे दीख पड़ी उसकी वेणी में लगी
नकली बालों की गाँठ।

(अनुवाद : स्मिता दात्ये)

मुक्तीमधलें मोल हरवलें

मुक्तीमधलें मोल हरवलें;
जेव्हां केलिस
गोकुळांतली पहिली चोरी.
मिसळलास तूं काजळ-काळा,
आणि गढुळलें मी हिम-गोरी.

तुझ्या कृपेचें कृपाण प्यालें
कमळ होउनी; मधुर-डंखसें.
अन् भिजलेल्या पदरामधुनी
गंध सांडला तमपुष्पाचा
तुझ्या अधाशी उग्र नखांवर.

तेव्हांपासुन साठवतें मी
आठवणीच्या परडीमध्यें,
भरदार तुझ्या
छातीवरचें कुरळें पौरुष,
दंडामधली दणकट आशा,
भुवयीच्या त्या दटावणीसह.

मुक्तीमधलें मोल हरवलें
यमुनातीरीं;
शब्द हरवलें, बनले मोनी,
तेव्हांपासुन, तेव्हांपासुन
साठवतें मी आठवणींतच
गोकुळांतलें दहि-दुध-लोणी.

लक्ष मोक्ष का मोल खो गया

लक्ष मोक्ष का मोल खो गया,
जब तुमने की
गोकुल में पहली ही चोरी,
घुलकर भी तुम काजल-काले,
औ' मटमैली मैं हिम-गोरी।

अनुग्रहों की असि-धारा पी
अम्भोजिनी बन, मधुर डंक-सी
भीगे-से आँचल में से तब
गन्ध झर गयी तम-पुष्पों की
भूखे तेरे उग्र नखों पर।

तब से अब तक सहेजती मैं
सुधियों की डलिया में केवल
भरे तुम्हारे
सीने का घुँघराला पौरुष
भुजदंडों की धाकड़ आशा
भौहों की उस डाँट-डपट संग।

लक्ष मोक्ष का मोल खो गया
यमुना तट-पर,
शब्द खो गये, बनकर मौनी
तब से अब तक, तब से अब तक
सहेजती मैं सुधियों में—बस
गोकुल का गोरस-दधि-लोनी।

(अनुवाद : वसन्त देव)

आकाशाचे वजन भयंकर

गाड़ीखाली रूळहि लवतो
पोलादाचा;
अन् गाड़ी ही
कापत जाते अंधारातुन;
ठिक्करकाळया
अंधारावर आकाशाची
नजर अधाशी—क्षितिजशस्त्रशी.

आकाशाचे वजन भयंकर
अन् आत्म्याची मान कोवळी;
म्हणुनच करतो
क्षमा तुला मी, माझ्या आत्म्या,
क्षमा तुला हे
भेदरणाऱ्या,

हे म्यालेल्या, भगवंता अन्,
हे मृत्युंजय, हे डरपोका,
हे अमृतार्णव, हे थरकापन्
लाज कशाची ?
भीतीची जर मायच व्याली
अवघे जीवन;
तरिही त्याचे
मांसहीन मनगट मिरवितसे
अग्निकंकणे दुःखविलासी.

आसमान का वज़न भयंकर

गाड़ी के नीचे पटरी भी लचकती है,
फौलादी;
        और गाड़ी भी
काटती जाती है अँधेरे को, घुप्प
        अँधेरे पर आकाश की
नज़र लालची क्षितिजशस्त्र-सी।

आसमान का वज़न भयंकर
और आत्मा की गर्दन कोमल;
        इसीलिए करता हूँ—
क्षमा तुझे मैं, मेरी आत्मा,
क्षमा तुझे हे
        डराने वाले

हे डरनेवाले भगवन् और
हे मृत्युंजय, हे भयभीत,
हे अमृतसागर, हे भयकम्प!
        लज्जा कैसी?
भय की यदि माँ ही बियायी
पूरा जीवन;
        फिर भी उसकी
मांसहीन कलाई की शान दिखाता
अग्निकंगन दु:खविलासी।

क्षमा तुला हे माझ्या आत्म्या
पाप-परायण, तुला न शोभे
हरिकृपेचे ते गंगावन,
'शांतिमुलायममुक्तिमोकळे.'
पुरे पुरे हा आयाळ असा
उग्र वेदनेच्याच बटांचा.
प्रणय न अपुला संपेल कधीं.
अग्निकंकणे पिचल्यावाचुन
वैधव्य नसे या जन्माला.

क्षमा तुझे हे मेरी आत्मा,
पाप परायण! तुम्हें न शोभे
हरिकृपा के वे गंगावन,*
'शान्ति-मुलायम-मुक्ति-मुक्त'।
बस, बस यह अलक जाल ऐसा
उग्र वेदना की ही वाणी का
न अपने प्रणय का अन्त कभी।
अग्निकंगन दरके बिना
इस जनम को वैधव्य नहीं।

(अनुवादः दामोदर खड़से)

* अपने बालों को लम्बा दिखाने के लिए स्त्रियों द्वारा लगाए जानेवाले कृत्रिम बाल।

किलबिलल्लेलें उजाडतांना

किलबिलल्लेलें उजाडतांना
ओठ उगवतीचा थरथरला
गुलाबलेला ओललालसर.

तुडुंबलेलें
संथ निळेपण
पसरत गेलें चार दिशांना
तांबुसवेडें.

हळूहळू मग निःस्तब्धांतुन
स्वप्नें उडलीं गुलाल घेउन
लालचुटुकशा चोचीमध्यें,
पिंजर-पंखी,
आणिक नंतर
'आप' खुशीनें अभ्र वितळलें,
उरलें केशर
आणि भराभर
उधळण झाली आकाशावर
आकारांची,
रंगदंगल्या.

नाहिं उमगलें
केव्हां सरला रजतराग हा,
ही अस्ताई,
आणि उमटला रौप्यतराणा

चहकता उजाला

चहकता हुआ उजाला
अधर थरथराया पूरब का
लाल गुलाबी-ललछू

लबालब-भरा
हल्का नीला
बिखरता गया चतुर्दिक् में
ताँबई पगला!

धीरे से फिर सन्नाटे में
उड़ गये सपने गुलाल लेकर
लाल सुर्ख चोंच में दबाकर,
पिंजर-पाखी,
और बाद में
'आप' खुशी से अभ्र गल गये,
बाकी केसर
और तेज़ी से
फैल गये आकार
व्योम में,
रंगों में तल्लीन हो गये।

पता नहीं कब
खत्म हो गया रजत-राग वह
अस्थायी था
और उठा रुपहला तराना

झगमगणाऱ्या जलद लयींतिल.
...असा विसरलों, विसावलों अन्.
नीरवतेच्या गुप्त समेवर.

आणिक नंतर
        न कळे कैशी,
मनांत माझ्या—कांहिं न करतां—
जाणिव भरली कृतार्थतेची.

जगमगाता अतिद्रुत लय का
...ऐसे भूला, ठहर गया मैं
नि:स्वरता के छिपे सम पर!

और बाद में
पता नहीं कैसे
मन में मेरे—बिना किये कुछ—
भाव भर गया कृतार्थता का!

(अनुवाद : चन्द्रकांत पाटील)

खडक फोडतो अपुले डोळे

आकाशाचा नेट घेउनी
कभिन्नकाळा, दणकटदंडी
खडक दाबतो पृथ्वी खालीं;
आणि पसरतो वाळूवरतीं.
वज्ररुक्षसें छातीचें छत.

या लाटा पण
सरसरत्या, सळसळत्या,
वेडावत, वेलावत,
वळवळत्या,
फुसफुसत्या, धुसफुसत्या,
डुचमळुनी घुटमळत्या,
या लाटा
लटकेपणिं लडिवळत्या; लोटांगणिं कोसळत्या;
...गाल फुगवुनी चूळ थुंकिती...

आकाशाचा नेट घेउनी
कभिन्नकाळा खडक कुढतसे,
पुंगवलेला वृषणहीन पण;
अर्थ पाहतो व्यर्थामधला;
आणि आठवुन शाप पुरातन
पुन्हां चघळतो मुठभर रेती.

या लाटा पण
भुळभुळणाऱ्या,
झुलफुलणाऱ्या,

प्रस्तर फोड़ लेता है अपनी आँखों को

आकाश का बल लेकर
कालाकलूटा, तगड़ी भुजाओंवाला
प्रस्तर दबाता है धरती को नीचे;
और फैल जाता है रेत पर
चट्टान-सी छाती की छत पर।

ये लहरें लेकिन
सरसराती हुई, सनसनाती हुई
मुँह बनाती हुई, बेली-सी
कुलबुलाती हुई, फुसफुसाती हुई,
तनतनाती हुई
छलककर हिचकिचाती हुई
ये लहरें
झूठमूठ में लाड़ लड़ाती; पैरों पर गिरती हुई;
...गाल फुलाकर कुल्ला करतीं...

आकाश का बल लेकर
कालाकलूटा प्रस्तर खीझता है,
जवान लेकिन पौरुषहीन
अर्थ देखता है व्यर्थता का;
और याद करते हुए पुराने शाप को
दुबारा चबाता है मुट्ठीभर रेत।

ये लहरें लेकिन
फिसली-फिसली-सी,
झुलती-फुलती-सी,

लपणाऱ्या, लवणाऱ्या, शिवणाऱ्या,
पाघळणाऱ्या,
चुरणाऱ्या रेतीवर झिरणाऱ्या,
झिळमिळणाऱ्या,
टकमकशा पहाणाऱ्या, चकमकणाऱ्या,
गिचमिडणाऱ्या,
पुळणीला अडणाऱ्या,
खडकावर चढणाऱ्या, चढल्यावर रडणाऱ्या,
पुन्हा पुन्हा हुकणाऱ्या, हवें तेंच, हवें तेंच,
अप्सराच
पदर पुढें करणाऱ्या, जलपंखी, या लाटा जळणाऱ्या.

आकाशाचा नेट घेउनी
खडक वाजवी नकारघंटा,
पुंगवलेला, वृषणहीन पण;
दास स्थितीचा.
पुन्हां फोडतो अपुले डोळे;
आणि ओळखुन शाप पुरातन
पुन्हा चघळतो मुठभर रेती.

छिपती-सी, झुकती-सी, छूती-सी,
पिघलती-सी
चूर-चूर होती रेत पर रिसती-सी
झिलमिलाती-सी
टुकुर-टुकुर देखती-सी, चमचमाती-सी,
बिखरी-बिखरी-सी,
सागर-वेला पर रुकती-सी,
प्रस्तर पर चढ़ती-सी, चढ़ने पर रोती-सी,
बार-बार चूकती-सी, वही चाहिए, वही चाहिए
अप्सराएँ
दामन फैलाती-सी, जल-पंखोंवाली, ये लहरें जलती-सी

आकाश का बल लेकर
प्रस्तर बजाता है नकार-घण्टा,
जवान लेकिन पौरुषहीन;
गुलाम हालात का।
फिर से फोड़ लेता है अपनी आँखों को;
और याद करते हुए पुराने शाप को
दुबारा करता है जुगाली मुट्ठी भर रेत की!

(अनुवाद : चंद्रकांत पाटील)

घेता

देणाऱ्याने देत जावे;
घेणाऱ्याने घेत जावे.

हिरव्यापिळ्या माळावरून
हिरवीपिवळी शाल घ्यावी;
सह्याद्रीच्या कड्याकडून
छातीसाठी ढाल घ्यावी.

वेढ्यापिशा ढगाकडून
वेढेपिसे आकार घ्यावे;
रक्तामधल्या प्रश्नांसाठी
पृथ्वीकडून होकार घ्यावे.

उसळलेल्या दर्याकडून
पिसाळलेली आयाळ घ्यावी;
भरलेल्याशा भीमेकडून
तुकोबाची माळ घ्यावी.

देणाऱ्याने देत जावे;
घेणाऱ्याने घेत जावे;
घेता घेता एक दिवस
देणाऱ्याचे हात घ्यावे!

लेनेवाला

देनेवाला देता रहे,
लेनेवाला लेता रहे।

हरे-पीले खेतों से
हरी-पीली शाल लें,
सह्याद्रि की चट्टान से
छाती के लिए ढाल लें।

पगले-बावरे बादलों से
आवारा आकार लें,
रक्त-प्रश्नों के लिए
पृथ्वी से स्वीकार लें।

उफनते सागर से
बौरायी अयाल लें,
भरी-भरी-सी भीमा* से
तुकाराम की माल लें।

देनेवाला देता रहे
लेनेवाला लेता रहे
लेते-लेते एक दिन
दाता जैसा हाथ लें!

(अनुवाद : दामोदर खड़से)

---

* भीमा नदी

ओंजळींत स्वर तुझेच

ओंजळींत स्वर तुझेच
अन् स्वरांत श्वास तुझा;
क्षितिजाच्या कठड्यावर
कललेला भास तुझा.

ओंजळींत स्वर तुझेच
अन् स्वरांत वेध तुझा;
दबलेल्या इच्छांतिल
स्वप्नांना छेद तुझा.

ओंजळींत स्वर तुझेच
अन् स्वरांत स्मरण तुझें;
डोहाच्या काठावर
वाटेला वळण तुझें.

ओंजळींत स्वर तुझेच
अन् स्वरांत गंध तुझा;
लयवेड्या अर्थाला
फक्त एक बंध तुझा.

अँजुरी में सुर तेरे

अँजुरी में सुर तेरे
साँसें सुर में तेरी;
क्षितिज की कोर पर
झुकी हुई झलक-सी तेरी।

अँजुरी में सुर तेरे
सुर में है बेध तेरा;
दबी हुई चाहों के
सपनों को छेद तेरा।

अँजुरी में सुर तेरे
स्मरण सुरों में तेरा;
और किनारे नद के
मोड़ राह में तेरा।

अँजुरी में सुर तेरे
गन्ध सुरों में तेरा;
लय-मोहित अर्थ को
केवल बन्धन तेरा।

(अनुवाद : चंद्रकांत पाटील)

संहिता–1

दिशा किती हे मला ठाऊक नव्हते; तेव्हापासून
चैत्रातल्या पालवीसारख्या त्या आठवणी झिळमिळता आहेत.
रक्तामधल्या मगरी बनून कधी पाय ओढून नेतात.
कधी त्यांना आभाळातून लोंबत येणाऱ्या सुरवंटाची
खाज असते. कधी त्यांचा एक विळखा वळवळत असतो
लेअकूनच्या बरगड्यांभोवती. कधी त्यांचेच तुरुंग बनतात,
सुरुंग बनतात.
पण तरीही अंधाराच्या रुंद कपाळावर तुझ्या भुवईची
उंच कमान उभी आहे...त्याखालची ही वाट कुठे जाते?

दिशा किती हे मला अजूनही कळलेले नाहीं. तरी पण
प्रत्येक दिशेला बुडण्याइतके पाणी आहे; आणि बुडताना
धन्यता वाटावी इतके खोल कुठेच नाही. नाही तर पलीकडच्या
अज्ञातातून एक काळा हात नसता सरसावला
हालवीत अंगठा...पण मी समुद्र खणणार आहे; तुझ्या ओंजळीने
भरणार आहे; कारण अजून तुझ्या भुवईची उंच कमान उभी आहे.

संहिता-1

दिशाएँ कितनी हैं मुझे मालूम न था, तबसे
चैत्र की कोंपल की तरह वे यादें झिलमिला रही हैं
रक्त में मगर बन कभी पैर खींच ले जाती हैं।
कभी उन्हें आकाश से झूलते आते खजोहरे की
खुजली होती है। कभी उनका एक पाश बिलबिलाता है
लेअकून* की पसलियों के इर्द गिर्द।
कभी उन्हीं का बन्दीगृह बनता है, कभी बारूदी
सुरंग बन जाती है।
फिर भी अँधेरे के चौड़े माथे पर तुम्हारी भौहों की
ऊँची कमान खड़ी है...उसके नीचे की यह राह कहाँ जाती है?

दिशाएँ कितनी हैं यह मुझे अब भी नहीं मालूम।
फिर भी हर दिशा में डूबने जितना पानी है, पर
डूबते हुए धन्यता बोध हो इतना गहरा कहीं भी नहीं।
अन्यथा उस पार के अज्ञात से एक काला
हाथ न बढ़ता—अँगूठा हिलाता हुआ...
परन्तु, मैं समुद्र खोदूँगा, तुम्हारी अँजुरी से भरूँगा,
क्योंकि अब भी तुम्हारी भौहों की ऊँची कमान खड़ी है।

(अनुवाद : दामोदर खड़से)

* [illegible] (Laocoon) रोम के पास व्हेटिकन (पोप का धर्मपीठ) में एक शिल्प है, जिसमें यह दिखाया गया है कि लेअकून और उसकी सन्तानों को साँप ने अपने पाश में जकड़ लिया है।

संहिता-2

हे अनुभवाचे काजळ डोळ्यात जिरवून...पुन्हा पहा :
समोरच्या डोंगरावरून सरपटत जाणाऱ्या नागमोडी रेषा
पकडून ठेव, वाहत्या पाण्यावर लसलसणारे कलाबतू,
किलबिलणाऱ्या किरणांचे, घट्ट धर. हिरव्याचोर
पानांच्या चोचीत बोट घालून दंशित हो. हाताच्या रेषा
दूर्वावर पसरून आपल्या नशिबाची पूजा बांध. ओल्या वाळूत

रुतून जा, रतून जा. आकाशावर फेकलेले डोळे
पुन्हा एकदा झेलून घे. मत 'लई' बरोबर वाहात जा, नाहात जा.

आणि रस्त्यावरील अभागी जखमांचा वास घेऊन हुंदका...दाब...
याच्या अलीकडे रेती आहे, आणि पलीकडे अंधार आहे.
या तारेवरून तोल सावरीत जपून चल...येणार असलीस
तर पातळ बदलून लवकर चल...जिन्यावरून पावले वाजण्यापूर्वी...
माझा खिसा तू अजून का शिवला नाहीस? (असशील ठेवलीस
तेवढीच तुला पळायला वाट!)...जिन्यावरून पावले वाजण्यापूर्वी...

संहिता-2

अनुभव का यह काजल आँखों में उतारकर...फिर देखो :
सामने की पहाड़ी से रेंगती टेढ़ी-मेढ़ी रेखाएँ
थामकर रखो, बहते पानी पर चहकती किरणों के
चमकते रेशमी धागे से लिपटे सोने-चाँदी के तार
कसकर पकड़ो। गहरी हरी पत्तियों की चोंच में अँगुली डालकर
दंशित हो जाओ। हाथ की रेखाएँ
दूब पर फैलाकर अपनी किस्मत की पूजा कर फूल चढ़ाओ।

गीली रेत में धँस जाओ, रति करो। आकाश में उछाली गयीं
आँखें फिर एक बार झेल लो। मतलई* के साथ
बहती जाओ, नहाती जाओ।

और राहों के अभागे ज़ख्मों को सूँघकर सिसकी...दबा...
इसके इस पार रेत है और उस पार अँधेरा।
इस तार पर सन्तुलन साधकर चलो...आना चाहो
तो साड़ी बदलकर जल्दी आओ...ज़ीने पर
कदमों की आवाज़ होने से पहले...तूने मेरी जेब
अब तक क्यों नहीं सी? (शायद रखी हो उतनी ही राह,
अपने निकल भागने से लिए) ज़ीने पर कदमों की
आवाज़ होने से पहले...।

(अनुवाद : दामोदर खड़से)

---

* मतलई : जमीन से समुद्र की ओर बहनेवाली हवा।

संहिता-3

तुझ्या वंशवृक्षावरील गूढ गाणी मला एकदा समजून सांग.
अहिल्येची शीला झाली...इतकी तृप्ती तिला कशाने लाभली?
प्रकाशाची गाठ सुटताना इंद्राच्या शरीराला फुटलेले डोळे
कसे चमकले? आणि धर्माला सहन करणाऱ्या पांचालीचा योग;
पतिव्रता गांधारीच्या जाणत्या डोळ्यांना उमगलेली भीती, बांधलेली;
सीता-लक्ष्मणांमध्ये विरलेले रामायण, त्यांनाही न उमगलेले;
तुझ्या वंशवृक्षावरील ही गूढ गाणी मला एकदा समजून सांग;
प्रकाश पाहून आंधळे बनण्याचीही आता माझी तयारी आहे.

माझ्या डोळ्यावर केस पसरून तो प्रकाश लपवू नको.
हा ध्यास अजून माझा आहे; हे एवढेच माझे आहे.
रामायण तुझे आहे; आणि महाभारतही तुझेच आहे.
हे एवढेच माझे आहे; वळवळणाऱ्या वासनेवरची
प्रकाशाची विषारी फणा मला एकदा पाहिलीच पाहिजे...
अहिल्येच्या शीलाला पाय लावणाऱ्या प्रत्येक रामाचा
दगड होण्यापूर्वी.

संहिता-3

अपने वंशवृक्ष के गूढ़ गीत एकबारगी समझा दो मुझे।
अहिल्या शिला हुई...इतनी तृप्ति उसे कहाँ से मिली?
प्रकाश की गाँठ खुलते समय इन्द्र की देह पर उगी आँखें
कैसे चमकीं? और धर्म को सहने वाली पांचाली का योग,
पतिव्रता गान्धारी की निपुण आँखों में उभरा भय-बोध, बँधा हुआ,
सीता-लक्ष्मण में घुली रामायण, उनकी भी समझ से परे,
तुम्हारे वंशवृक्ष के गूढ़ गीत एक बार मुझे समझा दो,
प्रकाश देखकर अन्धा बनने के लिए भी अब मैं तैयार हूँ।

मेरी आँखों पर केश फैलाकर वह प्रकाश अब मत
छिपाओ। मेरा यह लगाव अब भी है, केवल इतना ही मेरा है।
रामायण तुम्हारी है और महाभारत भी तुम्हारा ही है।
यह इतना ही मेरा है, बिलबिलाती वासना के
प्रकाश का जहरीला फन मुझे एक बार देखना ही होगा...
अहिल्या की शिला को हर राम के पैर लगने से,
पत्थर होने के पहले।

(अनुवाद : दामोदर खड़से)

संहिता-4

एक रास रचून मी आपणाला लपविले आहे; या राशीत—
फ्रांसमधील 'गुह्य' चित्रे; पेकिंगच्या आदिमानवाचे हसणारे माकडहाड;
प्लँकचा सिद्धान्त; बुद्धाचा दात; नरमेधाचे संस्कारशास्त्र;
जगन्नाथाचा रथोत्सव; हॅम्लेटची महावाक्ये; धारापुरीतील त्रिमूर्ती;
नागासाकीचे नग्नांध; फादर डमायनचे महादिव्य;
शेवटच्या दिनॉसारने केलेली धडपड; हिमपर्वातील जलतांडव;
पोवळ्यांच्या बेटावरील चांदण्यातील नग्ननृत्ये...आणि प्रस्थानत्रयी;
यांच्या सावल्या मिसळल्या आहेत. मी आपणाला लपविले आहे
कुवारपणाने.

हसू नको; एक रास रचून तूही आपणाला लपविले आहेस :
पाळण्यावर बांधलेल्या स्वप्नांच्या चिव्‌चिमण्या; संध्याकाळची रामरक्षा;
शेगडीच्या निखऱ्यावर फुलवलेला हलवा; भिजवलेली भाउबीज
बोचक्यात लपवलेली; उरलेल्या पिठाची इवलीशी चांदुकली;
हस्तिदंती कंगवा; आणि मंगळसूत्र सोन्यात गाठवलेले.
राधे! या रासक्रीडेतील मुरली कुठे आहे, मुरली कुठे आहे?

संहिता-4

एक रास रचाकर छिपा लिया मैंने अपने आपको,
इस रास में फ्रांस के 'गुफा' चित्र, पेकिंग के
आदिमानव की हँसती दुमची की हड्डी, प्लैंक का सिद्धान्त,
बुद्ध का दाँत, नरमेध का संस्कारशास्त्र,
जगन्नाथ का रथोत्सव, हैमलेट के महावाक्य,
धारापुरी की त्रिमूर्ति, नागासाकी के नग्नांध,
फादर डेमायन का महादिव्य, अन्तिम डायनोसोर
की छटपटाहट, हिमपर्व का जल-ताण्डव, मूँगे के द्वीप
पर चाँदनी में नग्ननृत्य...और प्रस्थान त्रयी—
सबकी परछाइयाँ घुल-मिल गयी हैं।
मैंने अपने आपको छिपा रखा है
कुँआरेपन से।

हँसो मत। एक रास रचाकर तुमने भी अपने आपको छिपाया है:
झूले पर बँधे सपनों के चिड़ा-गौरैया, शाम की रामरक्षा,
सिगड़ी के अँगारों पर पका हलुवा, गठरी में छिपायी
भीगी भाईदूज, बचे-खुचे आटे की इत्ती-सी चँदिया-रोटी,
हाथी दाँत की कंघी और सोने में पिरोया हुआ मंगलसूत्र।
राधे! इस रासक्रीड़ा की मुरली कहाँ है, मुरली कहाँ है?

(अनुवाद : दामोदर खड़से)

संहिता-5

जेव्हा उघडला विश्वरूपाचा जबडा, जीभ नसलेला,
आणि दात करकरू लागले; जेव्हा दुभंगलो जरासंधाप्रमाणे;
जेव्हा वस्तूंचे आरसे बनले, आणि उलटली माझीच प्रतिरूपे
माझ्याच आत्म्यावर...तेव्हा ताकमेढीवर हात ठेवून
तू पृथ्वीला आधार दिलास; आणि जगाला विकलेले हात
पुन्हा एकदा सोडवून आणलेस. तेव्हा म्हणालीस,
'भविष्याकरिता दिलेली भेट भविष्याला पोहोचती कर.'
ताकमेढीवर कललेली ती आकाशवाणी मी अजनू विसरलो नाहीं.

तुला उंबरठ्याची शपथ घालून मी विनविले (विसरली नसशील),
'माझ्या कण्यावर भविष्याचा उग्र भार कशाला ठेवतेस?
हे चित्र पहा आणि हे विचित्र पहा. हे वास्तविके,
फाटलेल्या आकाशाला टाका घालणारे विजेचे दाभण कुठे आहे?'
पण हातातील उसवलेल्या गलुत्याला टीप घालीत तू म्हणालीस,
'तू आज 'भाग' लेला दिसतोस; चल आपण फिरायला जाऊ...पूर्वेला.'

संहिता-5

जब खुल गया विश्वरूप का जबड़ा, जिह्वाहीन,
और दाँत किटकिटाने लगे; जब हुआ द्विखंडित जरासंध-सा,
जब चीजों के आईने बने और जब टूट पड़े मेरे ही
प्रतिबिम्ब मेरी ही आत्मा पर...तब छींके के खम्भे
पर हाथ रख तूने पृथ्वी को सहारा दिया,
और दुनिया को बेचे हुए हाथ फिर एक बार छुड़ा लायीं।
तूने कहा, 'भविष्य के लिए दी हुई भेंट भविष्य
को पहुँचा दो।' छींके के खम्भे पर झुकी हुई
वह आकाशवाणी मैं अब तक नहीं भूला।

तुझे देहरी की कसम दिला मैंने मिन्नत की (भूली नहीं होगी)
'मेरी रीढ़ पर भविष्य का भयानक भार क्यों रखती है?
यह चित्र देखो और यह विचित्र। हे वास्तविक,
फटे आसमान को टाँका लगानेवाला बिजली का
सूजा कहाँ है?' परन्तु, हाथ के सीवन उधड़े
झबले को सीते हुए तुमने कहा,
'तुम आज थके-थके-से लगते हो, चलो चलें घूमने...
पूरब की ओर!

(अनुवाद : दामोदर खड़से)

संहिता-6

एकदा आभाळ इवलासा कवडसा होऊन तुझ्या पायाजवळ
गळून पडले, आणि काळाचा प्रारंभ झाला. तुझ्या तळहातावरील
तांबुस रेषा माझ्या मनगटावर रुजू लागल्या आणि दिशांचा
प्रारंभ झाला. का? कशांसाठी? हे न कळलेला,
मस्तीत उधळलेला प्रवाही प्रारंभ. त्या प्रारंभातच मी अनुभवली
अंताची ओढ, क्षितिजांना सांधणारे यथार्थ अस्तित्व.
आणि रस्त्याच्या दोन्ही बाजूंना स्वप्ने उधळीत
गेलो झेपावत भविष्याच्या दिशेने, घेऊन अगोदरच अटळाचे दर्शन.

तू स 'बंध' शी राहिलीस मागे; नाही झेपावलीस प्रवाहाच्या धारेत.
मला खटकले तुझे रेंगाळणे, सुखावलेले, स्वास्थ्याला हपापलेले...
आणि स्वप्नांची उधळण संपल्यावर रित्या हातांनी डोळे झाकताना
बरळलो काहीतरी. तेव्हा संथ पावले टाकीस पुढे आलीस,
आणि म्हणालीस, 'तू उधळलेल्या त्या स्वप्नांतील हो रुजणारी स्वप्ने
मी ओटीत पुंजावली आहेत; त्यांना तुझ्या समर्थ हातांचा आधार दे.'

संहिता-6

एक बार आकाश नन्हा-सा धूप-टुकड़ा बन तुम्हारे पैरों पर
निढाल हो गिर पड़ा और काल का प्रारम्भ हुआ। तुम्हारी
हथेली की रतनारी रेखाएँ मेरी कलाई पर उभरने लगीं
और दिशाओं का प्रारम्भ हुआ। क्यों? किसलिए?
यह न जानकर मस्ती में लुटाया प्रभावी प्रारम्भ।
उस प्रारम्भ में ही मैंने अनुभव किया अन्त का आकर्षण,
क्षितिजों को जोड़नेवाला यथार्थ अस्तित्व। और रास्तों
के दोनों ओर स्वप्न लुटाता मैं उड़ान भरते भविष्य
की दिशा में, लेकर पहले अटल का दर्शन।

तुम 'स'बन्ध-सी रहीं पीछे, झपटी नहीं प्रवाह की धार में,
मुझे चुभा तुम्हारा पिछड़ना, सुख और स्वास्थ्य
के लिए लालायित होना...और सपने लुट जाने के बाद
खाली हाथों से आँखें ढाँपते हुए मैं कुछ बड़बड़ाया।
धीमे कदमों से तुम आगे बढ़ आयीं और बोलीं,
'तुम्हारे लुटाए उन सपनों में से अंकुरित होनेवाले
ये सपने मैंने अपने आँचल में बटोर लिये हैं।
उन्हें अपने समर्थ हाथों का सहारा दो।'

(अनुवाद : दामोदर खड़से)

संहिता-7

ऐन कालोखात ओतप्रोत स्तनांची धमकी देऊन उभे जीवन
'उजाड' विण्याची तुझी शक्ती मी अनुभवली आहे :

आणि पाकळ्यांतून उमलत जाणारे मौनमत्त लास्य,
त्याची शक्ती मी अनुभवली आहे; अबोलीची फुले चुरडणारा
मुरडलेल्या ओठांशी पिळवटणारा राग, हात बांधणारा;
आकारवश इंद्रियांची दुराराध्य बंदीश;
अंधारावर ठिबकणारी वासनेची ठुमरी;
—या सर्वांची अपार शक्ती माझ्या जिवावर कोसळली आहे.
कोसळलो आहे...झेलणारे हातही तुझेच आहेत, झुंजू मुंजूचे.

म्हणूनच मी भयंकराला डोळा घालून पुन्हा परत
तुझ्याकडे येतो, जखमांची बिरुदे मिरवीत पुन्हा परत
तुझ्याकडे येतो. मी अनामिकाला बजावले आहे,
'तू मध्ये पडू नको; 'जीवनाशी हा माझा प्रेमकलह आहे';
ज्याने अस्तित्व भोगले आहे तो निराकाराला भाळणार नाही।'
कोसळलो आहे...पण झेलणारे हात ही तुझेच आहेत, झुंजू मुंजूचे.

संहिता–7

ऐन अँधेरे, भरे हुए स्तनों की धमकी देकर समूचा जीवन
'उजाड़ने' की तुम्हारी शक्ति मैंने महसूस की है।

और पंखुरियों से खिलता जाने वाला मौनमस्त लास्य,
उसकी शक्ति मैंने महसूस की है। भटकटैया के फूल
मसलने वाला, मरोड़े हुए होठों से ऐंठने वाला गुस्सा,
हाथ बाँधनेवाला, आकारवश इन्द्रियों की असाध्य बन्दिश,
अँधेरे पर टपकनेवाली वासना की ठुमरी,
—इन सबकी अपार शक्ति मेरे प्राणों पर टूट पड़ी है।
टूट गया हूँ...सँवारने वाले हाथ भी तुम्हारे ही हैं, झुटपुटे के।

इसीलिए तो मैं भयंकर को आँख मारकर लौट आता हूँ
तुम्हारे पास। ज़ख्मों की बड़ाई करते फिर आता हूँ
तुम्हारे पास। मैंने अनामिका को खबरदार किया है,
'तुम बीच में मत पड़ना, 'जीवन से मेरा यह प्रेम-कलह है', जिसने
अस्तित्व भोगा है, वह निराकार पर मुग्ध नहीं होगा।' टूट गया हूँ...
पर सँवारने वाले हाथ भी तुम्हारे ही हैं, झुटपुटे के।

(अनुवाद : दामोदर खड़से)

संहिता-8

तो नेहमीच कोपऱ्याशी उभा असतो; दुःखामागे दडून असतो.
तो मलाही भेटलेला होता...काशीहून परत आल्यावर...
रस्त्याच्या कोपऱ्याशी एका पायावर तोल सावरीत उभा होता,
'हसणारा' महारोगी. तो मलाही भेटलेला होता...अजमीरजवळ,
शंकराच्या देवळामागे, आपण छिनलेल्या मूर्तीच्या छातीला
कान लावून हृदयातील ठोके ऐकत होता; चिंधी लावून
जगत होता, तो शिल्पकार...तो मलाही भेटलेला होता...
आंधळ्याने दळीत होता. भुकेल्याने पेरीत होता. उजाडताना.

तो तुलाही भेटलेला होता, नंदूच्या वेळी...अगदी उजाडताना.
पण तू त्याला ओळखले नाहीस, हे फार चांगले केलेस!
कसा मान खाली घालून साळसूदसा निघून गेला.
तरी पावले उमटली होती; दगडामध्ये रुतली होती.
पण तू त्याला ओळखले नाहीस, हे फार चांगले केलेस!
त्याच्या ओळखीच्या जळत्या महामुद्रेपासून तुझ्या तानह्याचे रक्षण होवो.

संहिता–8

वह हमेशा ही खड़ा रहता है छोर पर, दु:ख के पीछे
छिपा रहता है। मुझे भी मिला था—काशी से
लौटने पर...रास्ते के छोर पर एक पैर पर
सन्तुलन साधता खड़ा था,
'हँसने वाला' वह कोढ़ी। वह मुझे भी मिला था—
अजमेर के पास शिव-मन्दिर के पीछे,
अपनी तराशी हुई मूर्ति के सीने से कान सटाकर
हृदय की धड़कनें सुन रहा था, चिन्दी लपेटे जी रहा था,
वह शिल्पकार...वह मुझे भी मिला था...
अँधा होकर पीस रहा था...भूखा होकर बो रहा था, सूर्योदय के समय।

वह तुझसे भी मिला था, नन्दू के जन्म के समय...
बिलकुल झुटपुटे में पर। तूने उसे नहीं पहचाना,
यह बहुत अच्छा किया। गर्दन नीची किए किस तरह
मासूम-सा निकल गया। फिर भी पैरों के निशान
उभर आये थे, पत्थरों में गड़ गये थे। पर तूने
उसे नहीं पहचाना, यह बहुत अच्छा किया।
उसकी परिचित जलती महामुद्रा से तेरे नन्हें की रक्षा हो!

(अनुवाद : दामोदर खड़से)

संहिता-9

...ब्रह्मदेवाच्या देवळासमोरची ती घुमी धोंड तुला आठवते का?
वामकुक्षी करणारी. माझ्या लहानपणी तिच्या अंगावर
एक जुईची वेल बावरली होती...'तू स्टोमध्ये इतके तेल कशाला भरतोस?'
परसूकाकांची बोटे झडल्यावर ऐन मध्यरात्री दादांनी त्यांना
दहिभात भरवला, आणि नंतर एक डोळी डोंगराच्या आधाराने
भेंडवताकडे घसरू लागली...'हे हातपुसणे या इथे
खिळ्यावर टांग म्हणून तुला किती वेळा सांगितले?'
...ज्ञानेश्वराच्या समाधीचे दार बंद करताना...'दार उघडेच आहे;
आत या.'

जे वेंगेत सापडणार नाही ते चिमटीत सापडू शकते
हे तू मला दाखवले आहेस. पृथ्वीमध्ये पाय रोवून
तू अशीच उभी रहा. आकाशाच्या हुंकाराला तू खुळ 'खुळा'
वाजवून दाखव दोन माणसांच्या आत्म्यांमध्ये एक मोठी भिंत असते...
तुझ्या बाजूच्या त्या भित्तिचित्रांचे रक्षण कर; आणि मृगाच्या वादळामध्ये
उपळून पडणाऱ्या उद्याच्या कोंबांना तुझ्या श्वासांचा आधार दे.

संहिता-9

...ब्रह्मदेव के मन्दिर के सामने की वह घुन्नी चट्टान
तुम्हें याद है? ऊँघनेवाली। मेरे बचपन में
उस पर जूही की एक लता फैल गयी थी...
'तुम स्टोव में इतना तेल क्यों भरते हो?'
परसु चाचा की अँगुलियाँ गल जाने पर ऐन रात
बाबूजी ने उन्हें दही-भात खिलाया। बाद में
एक डोला पहाड़ के सहारे भेंडावत की ओर
खिसकने लगा था... 'हाथ पोंछने का यह कपड़ा
यहाँ इस खूँटी पर टाँगने के लिए मैंने तुमसे
कितनी बार कहा?'
...ज्ञानेश्वर की समाधि का द्वार बन्द करते समय
'द्वार खुला है, अन्दर आ जाइए!'

जो बाहों में नहीं समाता वह चुटकी में पकड़ा जा सकता
है—यह तुमने मुझे दिखा दिया है। धरती पर
पैर जमाकर तुम ऐसी ही खड़ी रहो।
आकाश के 'हुंकार' को तुम 'झुनझुना' बजाकर
दिखाओ...दो मनुष्यों की आत्माओं में एक
बड़ी दीवार होती है...अपनी ओर के उन
भित्तिचित्रों की रक्षा करो और मृग-नक्षत्र
के तूफान में उखड़ जाने वाले कल के
अंकुरों को तुम अपनी साँसों का सहारा दो।

(अनुवाद : दामोदर खड़से)

हे ब्रह्ममत्ता!

व्यथेची खपली उचलून ज्यांनीं जीवन पाहिलें आहे
त्यांच्या डोळ्यांची आरती
आज तुला सामोरी येईल.
मूठभर अंधार काय आणि मूठभर प्रकाश काय,
ह्या दोघांनाही कणवेनें भिजलेल्या मुक्या मातीचा
आधार हवा—या श्रद्धेची पाझरती कोरड
तुझ्या गळ्याला पडली होती.
त्या गळ्यामध्यें गिटार होतें.
पण तूं मध्यमावर थांबला नाहींस; आणि कानांच्या भिंती झाल्या.

...अनंतानें हा अवंढा लौकर गिळला...मात्र तूं त्याला
फार लौकर म्हटलें नसतेंस. निघण्यापूर्वींच तूं तेथें
पोहोंचला होतास...तूं लौकर म्हटलें नसतेंस!...
आणि तरीही तुकारामाच्या टाळाचा एक ठोका
आज प्रथमच चुकला आहे; चुकचुकला आहे. हे ब्रह्ममत्ता,
व्यथेची खपली उचलून ज्यांनीं जीवन पाहिलें आहे
त्यांच्या डोळ्यांची आरती
आज तुला सामोरी येईल.

हे ब्रह्ममत्त!

व्यथा की परत उठाकर जिन्होंने जीवन को देखा है
उनकी आँखों की आरती
आज तुम्हारे सामने आएगी।
क्या मुट्ठीभर अँधेरा और मुट्ठीभर रौशनी,
दोनों को करुणा-भीगी गूँगी मिट्टी का
सहारा चाहिए—इस श्रद्धा का झरता सूखापन
तुम्हारे गले में था।
उस गले में गिटार था,
लेकिन तुम नहीं रुके मध्यम पर, और कान दीवारों में बदल गये।

...अनन्त ने गले की इस रुँधन को फ़ौरन निगल लिया...लेकिन तुमने
ही उसको नहीं किया निहायत। फ़ौरन निकलने से पहले ही तुम वहाँ
पहुँच चुके थे...तुमने नहीं कह दिया होता 'फ़ौरन'!...
और फिर तुकाराम के मँजीरे की एक ताल
आज पहली बार चूक गयी है; गड़बड़ा गयी है। हे ब्रह्ममत्त,
व्यथा की परत उठाकर जिन्होंने जीवन को देखा है
उनकी आँखों की आरती
आज तुम्हारे सामने आएगी।

(अनुवाद : चंद्रकांत पाटील)

पण हे श्रेय तुझेच आहे

अंधाराच्या मस्तीवरती रक्ताची गुळणी थुंकून
तू मातीच्या कुशीत शिरलास.
...ह्याची मांडी मोडू नका; हा माणूस शेवटपर्यंत उभा होता,
बुडणाऱ्या गलबताच्या डोलकाठीसारखा. ह्याच्या हाताच्या मुठी वळा;
भिऊ नका, त्याच्या हातातील सर्व घट्टे खास त्याच्याच मालकीचे आहेत.
त्याचे उघडे तोंड हे असे आवळू नका, पैशाच्या पिशवीसारखे;
मेला असला तरी मवाली आहे...पटकन शिवी घालील!
आणि असे उपचारासाठी कवटी फुटेपर्यंत थांबूही नका;
ती अगोदरच फुटलेली आहे...
पहा उगवतीला 'फटफट' ले आहे, आणि उद्याची ताजी बातमी
शाई पिऊन झिंगली आहे.

अंधाराच्या मस्तीवरती रक्ताची गुळणी थुंकून
तू मातीच्या कुशीत शिरलास;
ती माती तुला विसरणार नाही. अन्यायाची निदान अज्ञानाला चीड आहे,
—ह्या शेवटच्या दगडाचा आधार घेऊन एक बुरुज अजून दात
विचकीत राहील.
तुझ्या अभावाजवळ मी अजून उभा आहे. अंधार आणि अधिक अंधार
यांच्यामधील रित्या रेताडात डावा पाय रोवून
मी अजून उभा आहे...पण हे श्रेय तुझेच आहे.

पर यह श्रेय तुम्हारा ही है

अँधेरे के उन्माद पर रक्त का गरारा थूककर,
तू माटी को कोख में में जा घुसा।
...इसकी जंघा मत तोड़ो, यह आदमी अन्त तक खड़ा है,
डूबते जहाज के मस्तूल की तरह।
इसकी मुट्ठी बाँधो, डरो नहीं;
उसके हाथ के सारे घट्टे खास उसी की मिल्कियत के हैं
उसका खुला मुँह इस तरह सकोरो मत
पैसों की थैली की तरह;
मर गया तो क्या हुआ, है तो मवाली, झट देगा गाली!
और ऐसे उपचार के लिए खोपड़ी फूटने तक रुकिए भी नहीं;
वह पहले ही फूटी हुई है...
देखो, पूरब में 'पौ' फटी है और आने वाले कल की ताज़ा खबर
स्याही पीकर मदमस्त है।

अँधेरे के उन्माद पर रक्त का गरारा थूँककर
तू माटी की कोख में जा घुसा।
वह माटी तुझे भूलेगी नहीं, अन्याय के प्रति कम से कम
अज्ञान को तो चिढ़ है,
—इस अन्तिम पत्थर का सहारा ले एक बुर्ज अब भी दाँत
बिचकाता रहेगा।
तुम्हारे अभावों के पास मैं अब भी खड़ा हूँ।
अँधेरे और अधिक अँधेरे के बीच रिक्त रेगिस्तान में
बायाँ पैर गड़ाकर
मैं अब भी खड़ा हूँ...पर यह श्रेय तुम्हारा ही है।

(अनुवाद : दामोदर खड़से)

आज प्रार्थना प्राणाएवढी

ओंकाराएवढा अवाढव्य डोंगर; तोही हात जोडून उभा आहे.
पृथुल ढगांच्या गुबगुबीत पंखाखालीं...लाललाडके रंग...
आपल्या इवलाल्या चोची खुपसून...मालवले आहेत. पायथ्याजवळचा
एकलकोंडा ताड डोळे अफाटून खाडीच्या पुळणीवरील
माडांचा थवा पाहातो आहे...तोही यात्रेला निघणार आहे...
आज पक्षी आकाशाचे आहेत; आणि आंब्याची कोबळी पोपटपालवीही
आकाशांत उडण्यासाठीं तळमळते आहे...आज प्रार्थना प्राणाएवढी;
कारण देव देवळाएवढा आणि फुलें तींहीं देवाएवढीं.

अशा वेळीं पुजेसाठीं दहा दिशा पुरत नाहींत आणि मन आपोआपच
अकराव्या दिशेमध्यें पसरूं लागतें; जेव्हां जाणीव भूतकालाचा
श्वास घेत नाहीं आणि भविष्याचा उच्छ्वास टाकीत नाहीं;
अज्ञाताचा पान्हा पिण्यासाठीं प्रकाश पहिल्यासारखा रांगूंरडूं लागता;
वस्तू आकारांत मावत नाहींत; घाटाच्या कांठाबरून उतूं लागतात.

आज प्रार्थना प्राणों के बराबर

ओंकार की भाँति विराट पर्वत, वह भी हाथ जोड़े खड़ा है।
घने बादलों के गुदगुदे पंखों के तले...लाल लाडले रंग...
अपनी नन्हीं चोंचें खोलते हैं...सिरा जाते हैं। पहाड़ तले
एक एकाकी ताड़ आँखें फाड़े देखता है खाड़ी की बालू पर
नारियल वृक्षों का कारवाँ...वह भी तीर्थयात्रा में शामिल है...
आज पक्षी आकाश के हैं। और आम की कोमल तोता कोंपल भी
आकाश में उड़ जाने की इच्छा से छटपटा रही है...
आज प्रार्थना प्राणों के बराबर;
क्योंकि देवता देवालय के बराबर और फूल भी देवता के बराबर।

इस वेला में पूजा के लिए दस दिशाएँ पूरी नहीं पड़तीं और मन
अपने आप ग्यारहवीं दिशा में बहने लगता है। चेतना भूतकाल की
श्वास नहीं लेती और भविष्य उच्छ्वास नहीं छोड़ता
प्रकाश पहले की तरह घुटनों चलता है अज्ञात के दुग्धपान के लिए,
वस्तुएँ आकार में समा नहीं पातीं, रूप के तटों पर से बह निकलती हैं।

(अनुवाद : धर्मवीर भारती)

तिचीं पावलें वाजत नसतात

पोलादी झांजांच्या बांझ आवाजाने झपाटलेले झंजावात...
कुंवार मातीवरील सत्तेच्या रक्तमुद्रा...गुलामांचे तांडे,
ज्यांच्या पाठीवर सूर्याच्या आकारच्या लखलसणाऱ्या जखमा;
शर्मण्वतीच्या तीरावरील आविक्षितांचे वक्षयज्ञ;
शंखांतून फुंकलेलीं अक्षौहिणी सैन्यें; पोटावर सरपटणाऱ्या
अजगराच्या मानेवरील अजागल अलेक्झापोलियन;
आणि नंतर बुभुक्षितांचीं भूकयुद्धे.
...उंच कुंचीला मृत्युघंटा बांधून आपला पोर पानिपतावर पाठविण्यापूर्वी
निदान त्याला विदूषकासारखा रंगीबेरंगी पोषाख द्या!...

इतिहासाचे तीन गर्भपात पानिपतानें गिळलेले आहेत.
छातींछातींतून रुजणारी क्रांती या महाद्वारांतून येत नसते;
तिचीं पावलें वाजत नसतात...
कारण पृथ्वीला गर्भ राहतो तेव्हां आकाश अबोल अबोल बनते.
यापुढें माणसाचें रक्त माणसाकडून सांडणार नाहीं,
अशी पोलादाचीच प्रतिज्ञा आहे. हुजऱ्यासारखे या महाद्वराशीं रेंगाळूं नका;
महाद्वारानें येणारी क्रांति महाद्वारानेंच निघून जाते.

आहट उसकी सुनाई नहीं देती

फौलादी झाँझों की बाँझ आवाज़ों से झाड़-फूँक झंझा...
कुँवारी मिट्टी पर सत्ता की रक्तमुद्राएँ...गुलामों के जत्थे,
जिनकी पीठ पर सूर्य के आकार के बजबजाते ज़ख्म;
शर्मण्वती के किनारे आवीक्षितों के वक्षयज्ञ;
शंखनाद करती अक्षौहिणी सेनाएँ, पेट के बल रेंगनेवाले
अजगर की गर्दन पर बेढंगा अलेक्झापोलियन;
और तत्पश्चात् भूख के मारों के भूखयुद्ध।
...ऊँची नुकीली टोपी पर मौत का घंटा बाँधकर
अपने बच्चे को पानीपत भेजने से पहले।
कम से कम उसे विदूषक-जैसा रंगबिरंगा लिबास तो दो!...

इतिहास के तीन गर्भपातों को पानीपत ने निगल लिया है।
सीने सीने में जड़ें पकड़ने वाली क्रान्ति इस महाद्वार से नहीं आती;
आहट उसकी सुनाई नहीं देती...
क्योंकि जब धरती गर्भवती होती है तब आकाश खामोश हो जाता है।
अब इसके बाद मनुष्य की ओर से मनुष्य का खून बहेगा नहीं,
यह तो फ़ौलाद की प्रतिज्ञा है, चाकर-जैसे इस महाद्वार
के पास रुको मत;
महाद्वार से आने वाली क्रान्ति महाद्वार से ही चली जाती है।

(अनुवाद : चंद्रकांत पाटील)

झपताल

ओचे बांधून पहाट उठते...तेव्हांपासून झपाझपा वावरत असतेस.
...कुरकुरणाऱ्या पाळण्यामधून दोन डोळे उमलूं लागतात;
आणि मग इवल्या इवल्या मोदकमुठींतून तुझ्या स्तनांवर
बाळसे चढ़तें. उभें नेसून वावरत असतेस. तुझ्या पोतेऱ्यानें
म्हातारी बूल पुन्हां एकदां लाल होते. आणि नंतर
उगवता सूर्य बोरीबरील तीन मुतेलें वाळवूं लागतो;
म्हणून तो तुला हवा असतो! मधूनमधून तुझ्या पायांमधें
माझीं स्वप्ने मांजरासारखीं लुडबुडत असतात; त्यांची मान
चिमटींत धरून तूं त्यांना बाजूला करतेस. तरी पण
चिऊकाऊच्या मंमंमधील एक उरलेला घास त्यांनाही मिळतो.
तू घरभर भिरभिरत असतेस; लहान-मोठ्या वस्तूंमध्यें
तुझीं प्रतिबिंबे रेंगाळत असतात...स्वागतासाठीं 'सुहासिनी' असतेस;
वाढतांना 'यक्षिणी' असतेस; भरवतांना 'पक्षिणी' असतेस;
साठवतांना 'संहिता' असतेस; भविष्याकरतां 'स्वप्नसती' असतेस.
...संसाराच्या दहाफुटी खोलींत दिवसाच्या चौवीस मात्रा
चपखल बसवणारी तुझी किमया मला अजूनही समजलेंली नाहीं.

झपताल

आँचल खोंस उठती है भोर...तभी से लपक झपक तुम फिरती रहती हो।
कुर कुर बजते पलने में दो अँखियाँ खिलने लगती हैं।
फिर नन्ही मोदक मुट्ठियों में तुम्हारी छातियाँ हो जाती हैं कुप्पा।
तुम जैसे तैसे लपेट साड़ी घूमती रहती हो।
तुम्हारे पोतते ही बूढ़ा चूल्हा फिर लाल हो उठता है।
और फिर उगता सूरज तीन गीले दुशाले नन्हे के
सुखाने लगता है;
इसीलिए तुम चाहती हो कि वह उगे!
रह रहकर तुम्हारे पैरों में मेरे सपने बिल्ली की तरह
चुलबुलाते रहते हैं; उनकी गर्दन दो उँगलियों में पकड़ तुम
उन्हें परे हटा देती हो। फिर भी नन्हे के निवालों में से बचा हुआ एक
उन्हें भी मिल जाता है।
तुम घर-भर में लपकती झपकती घूमती रहती हो।
छोटी-मोटी वस्तुओं में तुम्हारे अक्स सुस्ता रहे होते हैं...
स्वागत समय 'सुहासिनी' होती हो; परोसते समय 'यक्षिणी;'
कौर खिलाते वक़्त 'पक्षिणी' होती हो; कण कण संचय करते समय
'संहिता', और भविष्य के लिए 'स्वप्नसती'।
गिरस्ती के दसफुटे कमरे में दिन की चौबीस मात्राओं का हिसाब
बिठानेवाला तुम्हारा जादू मैं अब तक नहीं समझ पाया।

(अनुवाद : रेखा देशपांडे:)

आदिताल

वल्कलें वडावर ठेवून चौखूर टाकीत मी प्रथम
तुझ्याकडे आलों; तेव्हां पहाडाला पाठीशीं घेऊन उभी होतीस;
तो पहाडही नग्नभग्न होता, वृषणमत्त वृषभासारखा
मातीमध्यें शिंग खुपसून...तेव्हां फक्त आदिताल होता.

कैलासलेण्यांतील स्तनमग्न लयीनें उजललेल्यां अंधारांत
दगडांची नाडी धडधडत होती. त्यां दगडांनाही सुरताचा
वास होता. त्यांच्या श्वासांनींच कोपऱ्याकोपऱ्यावर थबकलों होतों
पुतळ्याप्रमाणें, रुद्धरक्त रुद्धश्वास...तेव्हां फक्त आदिताल होता.

चौऱ्याऐंशीं लक्ष आवर्तनांतून हाच आदिताल वहात असतो.
कधीं त्याच्या प्रवाहावर बोधिवृक्षाची छाया पडते:
कधीं त्याच्या धारमध्यें एक क्रूस धुतला जातो;
कधीं लय ठाय असते, जन्ममृत्यूच्या अंतराइतकी।

समेचें सोंग घेऊन अर्ध्या वाटेवर उभ्या असलेल्या त्या कालाला
भिऊं नको. आदितालाच्या अटळ समेमध्येंच शेवटीं सर्व ताल
समाधी घेतील...द्वाडपणानें आड जाऊन फिरत फिरत
पुन्हा परत शरण येतील...प्रत्येक समेला तुझ्या
'हो' काराचा आधार असो.

आदिताल

वल्कल बरगद पर टाँग, बेतहाशा दौड़ता हुआ मैं पहली बार
तुम्हारे पास आया, तब पहाड़ को पीठ पीछे लिये तुम खड़ी थीं।
वह पहाड़ भी था नग्नभग्न, मदमत्त वृषभ की तरह
मिट्टी में सींग खोंसे...तब था केवल आदिताल।

कैलाश गुफ़ा में स्तनमग्न लय से रोशन अँधेरे में
पत्थरों की धमनियाँ धड़क रही थीं,
उन पत्थरों में भी सुरभि की गन्ध थी।
उनकी साँसों की आहट से नुक्कड़-नुक्कड़ रुक गया था मैं
मूर्तिवत् जमा-खून...रुँधी-श्वास...तब था केवल आदिताल।

चौरासी लक्ष आवर्तनों में बह रहा होता है यही आदिताल
कभी उसके प्रवाह पर पड़ता है बोधिवृक्ष का साया
कभी उसकी धारा में धुलता है एक सलीब
कभी लय धीमी होती है
जन्म-मृत्यु के बीच फासले जितनी।

सम का स्वाँग लिये आये रास्ते खड़े उस काल से
डरो मत। आदिताल की अटल सम में ही अन्ततः
सारे ताल हो जाएँगे तिरोहित!
नटखट सारे छुपेंगे ओट में, घूमते घामते फिर आएँगे
शरण में...हर एक सम को तुम्हारी 'हाँ' का सहारा मिले।

(अनुवाद : रेखा देशपांडे)

सद्गुरूवांचोनी। सापडेल सोय

करितों आदरें। सद्गुरुस्तवन
ज्यांनीं सत्यज्ञान। वाढवीलें.
धन्य पायथॅगोरस्। धन्य तो न्यूटन
धन्य आइन्स्टीन। ब्रह्मवेत्ता.
धन्य पाश्चर आणि। धन्य माझी क्युरी
थोर धन्वंतरी। मृत्युंजय.
धन्य फ्राइड आणि। धन्य तो डार्विन
ज्यांनीं आत्मज्ञान। दिलें आम्हां.
धन्य धन्य मार्क्स। दलितांचा त्राता
इतिहासाचा गुंता। सोडवी जो.
धन्य शेक्स्पीअर। धन्य कालिदास
धन्य होमर, व्यास। भावद्रष्टे.
फॅरॅडे, मार्कोनी। वॅट, राइट् धन्य
धन्य सारे अन्य। स्वयंसिद्ध.
धन्य धन्य सारे। धन्य धन्य मीही!
सामान्यांना कांहीं। अर्थ आहे!
सद्गुरूंच्या पाशीं। एक हें मागणें:
भक्तिभाव नेणें। ऐसें होवो.
सद्गुरूंनीं द्यावें। दासा एक दान:
माझें दासपण। नष्ट होवो.
सद्गुरूवांचोनी। सापडेल सोय
तेव्हां जन्म होय। धन्य, धन्य.

सदगुरु बिना, राह मिल जाए

करता हूँ सादर। स्तुति सद्‌गुरु की
जिन्होंने सत्य-ज्ञान की। वृद्धि की है।
धन्य पायथॅगोरस। धन्य वह न्यूटन
धन्य आइन्स्टीन। ब्रह्मज्ञानी।
धन्य पाश्चर और। धन्य मेरी क्यूरी
महा ध्वन्तरी। मृत्युंजय।
धन्य फ्रॉयड और। धन्य वह डार्विन
जिन्होंने आत्मज्ञान। दिया हमें।
धन्य धन्य मार्क्स। त्राता दलितों का
झमेला इतिहास का। सुलझाया।
धन्य शेक्सपिअर। धन्य कालिदास
धन्य होमर, व्यास। भावद्रष्टा।
फॅरॅडे, मार्कोनी। वॅट्, राइट् धन्य
धन्य सभी अन्य। स्वयंसिद्ध।
धन्य धन्य सभी। धन्य धन्य मैं भी!
धन्य साधारण भी। अर्थपूर्ण।
सद्‌गुरु के पास। एक ही याचना :
भक्तिभाव बिना। रक्खे मुझे।
सद्‌गुरु से मिले। मुझे ऐसा दान :
मेरा दासपन। मिट जाए
बिना सद्‌गुरु के। राह मिल जाए
जीवन हो जाए। धन्य, धन्य।

(अनुवाद : चंद्रकांत पाटील)

कांही केल्या आतां। मोक्ष हा टळेना

'मी'च्या वेलांटीचा। सुटो सुटो फांस;
जीव कासावीस। सत्यासाठीं.
सत्यसंशोधन। अगा गोड आग;
नाहीं झोप-जाग। मुमुक्षूला.
स्थळांतील सत्य। दावितें वाकुल्या;
क्वांटुमची लीला। आकळेना.
काळाच्या चक्राची। गती विलक्षण;
दिशेचेंही ज्ञान। कळों नेदी.
स्थळ-काळ यांची। विश्व ही फुगडी;
दोघेंही नागडीं। झपुझ्यांत.
गतीच्या अनंतीं। स्थितीचा आभास;
घटनेचा ऱ्हास। क्षणोक्षणीं.
समतत्त्वभावी। सर्वांचा शेवट;
तरी कटकट। करी आत्मा!
'थर्मोडायनॅमिकल्। इक्विलिब्रियम'
आतां म्हणा 'मम'। मोक्षासाठीं.
कांहीं केल्या आतां। मोक्ष हा टळेना!
याविना कळेना। दुजें सत्य.

कुछ भी कर लो, मोक्ष अविकल्प

'मैं' की मात्राओं की। न लगे फाँस;
बेचैन मानस। सत्य-हेतु।
सत्य की खोज है। अरे मीठी आग;
सो मत, जाग। मुमुक्षु को।
जगत का सत्य। मुँह चिढ़ाता है;
क्वान्टम्-लीला है। बोध परे।
काल के चक्र की। गति विलक्षण;
दिशा का भी ज्ञान। जाने नहीं।
जगत् और काल का। विश्व है नर्तन;
दोनों ही हैं नग्न। आवेश में।
गति के अनन्त में। स्थिति का आभास;
घटना का विनाश। प्रति क्षण।
समतत्त्वभाव में। सभी का है खात्मा;
फिर भी है आत्मा। झंझट में।
'थर्मोडायनॅमिकल्। इक्विलिब्रियम'
कहो अब 'मम'। मोक्ष-हेतु।
कर लो कुछ भी। मोक्ष है अविकल्प!
ना दूजा सत्य। मोक्ष बिना।

(अनुवाद : चंद्रकांत पाटील)

घ्यावें सर्व नाणें। वाजवोनी

आम्ही द्रव्यदास। मनाचे मवाळ,
देतसे गोपाळ। दूध-लोणी!
वैकुंठींची पेठ। हवा पैका रोख;
किरकोळ ठोक। मिळे मोक्ष.
लज्जा सांडोनियां। मांडितां दुकान,
येई नारायण। उधारीला!
थेतो नारायण। बघण्यास सत्त्व;
रोखीचें तें तत्त्व। सोडों नये!
तुटतां आंतडें। पाहोनियां झोळी;
अवस्था धाकुली। म्हणों नये.
उसासा करावा। थोरांचा उंबरा;
आणावे ते घरा। विघ्नकीर्ती.
अवघाची संसार। सुखाचा करावा;
आनंदें भराव्या। सर्व बैंका.
सिद्धांतीचें वर्म। अनुभवी जाणे;
घ्यावें सर्व नाणें। वाजवोनी!

ले लो सिक्के सभी बजाकर

हम द्रव्यदास। मन से कोमल,
देता है गोपाल। नवनीत!
वैकुण्ठ की हाट। नगद हो सिक्का;
फुटकर या पक्का। मोक्ष–लाभ।
लज्जा छोड़कर। लगाएँ दूकान
आएगा नारायण। उधारी को!
आता है नारायण। देखने सत्त्व;
नगद के तत्त्व को। छोड़ो नहीं!
टूटे गर कलेजा। देखकर झोली;
अवस्था निचली। मानो नहीं।
सिरहाना करो। बड़ों की देहरी पर;
ले आओ घर पर। विघ्नकीर्ति।
समूची गृहस्थी। सुखमय कर दो;
मोद से भर दो। बैंक सारे।
सिद्धान्ती का मर्म। जाने अनुभवी;
ले लो सिक्के सभी। बजाकर।

(अनुवाद : चंद्रकांत पाटील)

मानवाचें अंतीं। एक गोत्र

मिसिसिपीमध्यें। मिसळूं दे गंगा;
ऱ्हाइनमध्यें 'नंगा'। करो स्नान.
सिंधूसाठीं झुरो। ॲमेझॉन थोर
कांगो बंडखोर। टेम्ससाठीं.
नाईलच्या कांठीं। 'रॉकी' करो संध्या;
संस्कृती अन् वंध्या। नष्ट होवो.
व्होल्गाचें तें पाणी। वाहूं दे गंगेंत;
लाभो निग्रोरेत। पांढरीला.
माझा हिमाचल। धरो अंतर्पट;
लग्नासाठीं भट। वेदद्रष्टा!
रक्तारक्तांतील। कोसळोत भिंती;
मानवाचें अंतीं। एक गोत्र.
छप्पन भाषांचा। केलासे गौरव
तोचि ज्ञानदेव। जन्मा येवो.
जागृतांनो फेका। प्राणांच्या अक्षता
ऐसा योग आतां। पुन्हा नाहीं!

मानवों का अन्ततः गोत्र एक

मिसिसिपी बीच। घुले मिले गंगा;
न्हाइन में नंगा। करे स्नान।
कांगो विद्रोही भी। टेम्स हेतु तरसे;
अमेजान जैसे। सिन्धु हेतु।
नाइल के तट। रॉकी* करे सन्ध्या;
संस्कृति और वन्ध्या। नष्ट होवे।
गंगा के पानी में। वोल्गा प्रवाहित;
मिले निग्रो रेत। गौरांगों से।
मेरा हिमाचल। थामे अन्तःपट;
ब्याह हेतु भट। वेद द्रष्टा।
रक्त के भेद की। ध्वस्त हों दीवारें;
मानवों के सारे। गोत्र एक।
सारी भाषाओं को। दे गया गौरव;
वही ज्ञानदेव। जन्म लेवे।
जागृतो, चढ़ा दो। प्राणों के अक्षत;
ऐसा संयोग न। आएगा फिर।

(अनुवाद : स्मिता दात्ये)

* उत्तरी अमरीका की एक पर्वतमाला।

सद्‌गुरूची मेख। सुवर्णाची

सकाळीं उठोनी। निजवावें मन;
बनावें सज्जन। शिष्टाचारें.
भूदेवांना द्यावी। टाळींतून लांच;
दहा आणि पांच। गाठवावे.
गाठीमध्यें कांहीं। गोठवावा त्याग;
वठवावा राग। सात्त्विकांचा.
निंदावें, वंदावें। पाहोनियां वेळ;
त्यांचा ताळमेळ। बँकेपाशीं!
ताठा सोडोनियां। ताणावा पदर;
आणावा आदर। ओठावरी.
'देणारा तो देव'। साक्षात्कार रोख;
सद्‌गुरूची मेख। सुवर्णाची!

सद्गुरु का भेद, सुवर्ण का

प्रातः उठकर। मन को सुलाएँ;
सज्जन हो जाएँ। सभ्यता से।
भूदेवों को देवें। हथेली से घूस;
पाँच और दस। गाँठना है।
गाँठ में ज़रा-सा। त्याग को जमावें;
गुस्से को दबा दें। सात्विकों की।
निन्दा या वन्दन। देखकर मौका;
तालमेल उसका। बैंक में ही!
घमण्ड को छोड़। फैलाएँ दामन;
आदर सम्मान। होठों पर।
'देता है सो देव'। दर्शन नकद
सद्गुरु का भेद। सुवर्ण का!

(अनुवाद : चंद्रकांत पाटील)

दैत्यांचे या भय। भय देवांचेंही

कालसर्प चाटी। जिभेनें सर्वांग;
विषाचा त्या रंग। जीवनाला.
जन्मा आधीं जन्मे। अगा माझें भय;
ऐसा तूं सदय। विश्वकर्मा!
आकाशाचा पेला। लावोनियां ओठीं
पाजलीस गुटी। भयाचीच.
जगतांना भय। भय मरतांना;
भयाचाच पान्हा। सोडिलासी.
भय इतरांचें। भय माझें मला;
भयाचाच झाला। स्वर्ग, मोक्ष.
आम्ही भयभीत। भयाचीच वीण;
भयापुढें लीन। भयरूप.
दैत्यांचें या भय। भय देवांचेंही;
भय याचि देहीं। याचि डोळा.

दैत्यों का भय, भय देवों का भी

जिह्वा से सर्वांग। कालसर्प चाटे
जहर का रंग। जीवन को व्यापे।
जन्म से पहले। जनमे मेरा भय
ऐसा तू सदय। विश्वकर्मा!
आकाश का प्याला। ओठों से लगाकर
पिलायी गुटिका। भय की ही।
जीते हुए भय। भय मरते समय भी
भय का ही दूध। भर आया।
भय है औरों का। भय मुझे अपना भी
भय का ही बना। स्वर्ग मोक्ष
हम भयाकुल। भय का ही ब्याना
भय के आगे लीन। भय रूप
दैत्यों का भी भय। भय देवों का भी।
भय से भरी देह। आँखों में भी भय!

(अनुवाद : चंद्रकांत बांदिवडेकर)

अव्यय तें एक। सांडलें गा

अगा क्रियापदा। केव्हां येसी भेटी;
आयुष्यांत दाटी। कृदंतांची.
कालच्या कृतीला। आज ना वारस;
संतती औरस. संपली ग.
नामांच्या घोषांत। सरे 'सर्व' नाम;
धर्म, अर्थ, काम। एक झाले.
कर्माच्या पोटांत। स्वप्नाची ना कळ;
कर्ता अमंगळ। जन्मदाता.
जन्मण्यापूर्वीच। ऐसे कैसे मेलों?
वैकुंठास गेलों। आत्म्यावीण.
विशेषणें फक्त। माजलीं अनेक;
अव्यय तें एक। सांडलें गा.
अगा क्रियापदा। तुझ्या हातीं अर्थ;
बाकी सारा व्यर्थ। शब्दव्यूह.

अव्यय ही एक खो गया

अरे क्रियापद। कब आओगे मिलने;
भीड़ जीवन में। कृदन्तों की।
कल की कृति को। वारिस ना आज;
सन्तान जायज़। नहीं रही।
बोलबाला संज्ञा का। न रहा 'सर्व' नाम;
धर्म, अर्थ, काम। एक रूप।
कर्म के पेट में। सपने हैं बेकल;
कर्ता अमंगल। जन्मदाता।
जन्म से पहले ही। कैसे मर गया?
वैकुण्ठ को गया। बिना आत्मा।
विशेषण मात्र। उन्मत्त अनेक
अव्यय ही एक। खो गया।
अरे क्रियापद। तेरे पास अर्थ;
बाकी सब व्यर्थ। शब्दव्यूह।

(अनुवाद : चंद्रकांत पाटील)

शब्दब्रह्म

अस्तित्वकोनाचा
विकास होऊन
एक दिवस—
येतील, येतील
अस्तित्वाच्या
दोन्ही भुजा
एका रेषेंत;
जाणीव, जगत्
होतील एक;
राहील उभा
काळाचा द्विभाजक;
आणि बनेल
विश्व निर्ब्रह्म
सरळ कोनाच्या
साक्षात्कारांत!

अस्तित्वकोनाचा
विकास साधतांना
गरोदर भाषेला
लागतात डोहाळे
सगुण शब्दांचे.

पाहिजेत शब्द:
करडे, काळे,
रसाळ, रटाळ,
रेखीव, रांगडे,
चपळ, लंगडे,

शब्दब्रह्म

अस्तित्व कोण का
विकास होने पर
एक दिन—
आएँगी, आएँगी
अस्तित्व की
दोनों भुजाएँ
एक रेखा में;
संज्ञान, जगत
होंगे एक;
रहेगा खड़ा
काल का द्विभाजक;
और बनेगा
विश्व निर्ब्रह्म
सरल कोण के
साक्षात्कार में!

अस्तित्व कोण का
विकास होते समय
गर्भवती भाषा में
जागता है दोहद
सगुण शब्दों का।

चाहिए शब्द :
धूसर, काले
रसीले, उबकीले,
सुगढ़, खुरदुरे,
चंचल, टुटहे,

प्रगाढ, प्रशांत
पाहिजेत शब्द :
जहाल, ज्वलंत.

पाहिजेत शब्द :
ओंगळ, ओवळे,
सात्त्विक, सोवळे,
चेंगट, हट्टी,
तर्कटी, मर्कटी,
सुखरूप, स्वादिष्ट
पाहिजेत शब्द :
गरोदर, गर्विष्ठ!

पाहिजेत शब्द :
बकुळीच्या कुशीतले,
दर्याच्या मिशीतले.
पाहिजेत शब्द :
पहाटेच्या ओटीतले,
थडग्याच्या मिठीतले.

पाहिजेत शब्द :
मुसमुसणारे,
धुसफुसणारे,
कुजबुजणारे.
पाहिजेत शब्द :
कडकडणारे!

पाहिजेत शब्द :
विश्वाला आवळणारे,
अणूला उचलणारे,
रक्तांत मिसळणारे.
गरोदर भाषेला
लागतात डोहाळे
सगुण शब्दांचे.

प्रगाढ़, प्रशान्त।
चाहिए शब्द :
तीखे, ज्वलन्त!

चाहिए शब्द :
अनगढ़, भद्दे,
सात्त्विक, स्वच्छ,
मन्थर, हठी,
चिड़चिड़े, कटखन्ने,
खुशहाल, मधुर
चाहिए शब्द :
उर्वर, गर्वीले!

चाहिए शब्द :
बकुल की कोख के,
समन्दर की मूँछ के,
चाहिए शब्द :
उषा के आँचल कें,
क़ब्र के आगोश के।

चाहिए शब्द :
बिलखने वाले,
भन्नाने वाले,
फुसफुसाने वाले,
चाहिए शब्द :
अरराने वाले!

चाहिए शब्द :
विश्व को कसने वाले
अणु तक को उठाने वाले
रक्त में घुलने वाले!
गर्भवती भाषा में
जागता है दोहद
सगुण शब्दों के लिए!

कारण शब्दांनीच
अमूर्त आशयाचें
मूर्त ध्वनीशीं
लागते मंगल
आणि वाढतात
विचार-विकार
वर्गाच्या क्रमाने;
होतात जाणिवा
जागृत, समृद्ध,
सगुण, साकार;
ज्यांतून साधतो
अस्तित्वकोनाचा
अखंड विकास
आणि शेवटी
निर्ब्रह्म अवस्थ।

अस्तित्वकोनाचा
विकास होऊन
एक दिवस
येतील, येतील
अस्तित्वाच्या
दोन्ही भुजा
एका रेषेंत;
जाणीव, जगत्
होतील एक;
राहील उभा
काळाचा द्विभाजक;
आणि बनेल
विश्व निर्ब्रह्म
सरळ कोनाच्या
साक्षात्कारांत!

क्योंकि शब्दों में छिपे
अमूर्त आशय की
मूर्त ध्वनि से ही
होता है मंगल मिलन,
और पनपते हैं
विचार, विकार,
वर्ग क्रम से
बढ़ता जाता है संज्ञान।
जागृत, समृद्ध
सगुण, साकार,
जिसे साध लेता है
अस्तित्व कोण का
अखंड विकास।
और अन्तत:—
निर्ब्रह्म अवस्था!

अस्तित्व कोण का
विकास होने पर
एक दिन
आएँगी, आएँगी
अस्तित्व की
दोनों भुजाएँ
एक रेखा में;
संज्ञान, जगत
होंगे एक;
रहेगा खड़ा
काल का द्विभाजक
और बनेगा
विश्व निर्ब्रह्म
सरल कोण के
साक्षात्कार में!

(अनुवाद : पुष्पा भारती)

वाटाड्या

फार पुढें गेला असलास तर आधीं थोडा मागे फीर.
मग एकदम उजवा होऊन त्या एकलकोंड्या
उंच हवेलीच्या वासावासानें पुढें जा; तिथे तुला
जास्वंदीखालीं कोसळलेल्या झोपडीवर पांच बोटांचा
लाल ठसा उमटलेला दिसेल, अज्ञात खुनाच्या
खाणाखुणा दाखवणारा. (कदाचित् त्या काजवे गिळण्यासाठीं
चोंच उघडणाऱ्या भगव्या जास्वंदीच्या चारपांच कळ्या असतील!)

तिथून तूं पुन्हां एकदां डाव्या हाताला निष्ठूर वळ,
(पूर्वी एकदां वळला होतास तें जुनें वळण विसरून जा).
उलट्या करवतीसारखी डोक्यावर कांचा बसवलेली
मातीची मऊ भिंत बाजूला सोड; पुढें विटा भाजण्याची
भट्टी लागेल; त्यानंतर कातडी कमावण्याचा एक कारखाना
(कातडी बचावणारा) आणि टेकडीच्या कुशींत लपलेलें
शाक्तांचें महामंदिर, अणुभट्टीच्या शुभंकर आकाराचें.

ते दिसल्यावर पुन्हां एकदां उजवीकडे वळ—
उजव्या बाजूला विटलेल्या रंगाचें आकाश दिसेल;
तें दिसल्यावर पुन्हां एकदां डावीकडे वळ—

डाव्या बाजूला शिटलेल्या रंगाची जमीन दिसेल.
मग आपला नाकासमोर पुढें जा, नाक कापल्यासारखा.
चालून दमलास कीं रांगायला लाग. निबर ढोपरांचा
निभाव लागावा म्हणूनच वाळवंटांत वाळू असते.

पथ-प्रदर्शक

यदि बहुत आगे निकल चुके हो तो पहले थोड़ा पीछे लौट आओ।
फिर एकदम दाहिने मुड़कर उस अकेली ऊँची हवेली की महक
सूँघते हुए आगे बढ़ जाओ, वहाँ तुम देखोगे
जवाकुसुम के नीचे ढहे झोंपड़े पर उभरी हुई
एक लाल छाप—पाँच उँगलियों की
किसी अनजान का अता-पता देनेवाली!
(शायद वे चार-पाँच कलियाँ होंगी नारंगी जवाकुसुम की
जो जुगनुओं को पकड़ने के लिए चोंच खोलती हैं!)

वहाँ से तुम फिर एक बार बाएँ मुड़ जाओ,
(एक बार पहले भी मुड़े थे, पर उस पुराने मोड़ को भूल जाओ)
माथे पर लगे काँच के कारण उल्टी आरी-सी दिखती
मिट्टी की कमज़ोर दीवार एक ओर छोड़ देना!
अब ईंटें पकानेवाली भट्टी मिलेगी,
उसके बाद चमड़ा कमानेवाला एक कारखाना
(चमड़ी बचाने वाला) और पहाड़ी की कोख में छिपा अणुभट्टी के
शुभंकर आकार वाला शाक्तों का महामन्दिर।

उसे देखने के बाद फिर एक बार दायें मुड़ आओ,
वहाँ दिखाई देगा बदरंग आकाश
उसे देखने के बाद फिर एक बार बायीं ओर मुड़ जाना—

बायीं तरफ दिखाई देगी मटमैले रंग की ज़मीन।
फिर नाक की सीध में आगे बढ़ जाना,
जैसे कि काटी गयी हो नाक।
चलते चलते थक जाओ तो रेंगना शुरू कर दो।
सख़्त कुहनियाँ टिकी रह सकें—इसीलिए रेगिस्तान में रेत होती है।

(अनुवाद : स्मिता दात्ये)

दंतकथा

असे म्हणतात की, अमेरिकेत एक एकाक्ष कुबेर आहे.
तो वर्षभर मोजीत असतो स्वतःच्या मोटारी
आणि स्वतःच्या अंगावरचे सोनेरी केस; पण त्यांपैकी
जास्त कोण हे त्याला अजूनहि कळलेले नाही.

असे म्हणतात की, फ्रान्समध्ये एक दारूचा व्यापारी आहे.
त्याने एका वर्षात मिळविलेला नफा मोजण्यासाठी
फ्रेंच सरकारला सात वर्षे लागतात; त्याच्या एकट्याच्या
इन्कमटॅक्समधून फ्रेंच लष्कर एका महायुद्धाचा खर्च भागवते.

असे म्हणतात की, आफ्रिकेमध्ये कांगो नदीच्या प्रवाहाखाली
ब्रिटिशांनी बांधलेले एक मोठे भुयार आहे. त्यात टाकलेल्या
प्रत्येक काळ्या कवटीचा एक वर्षाने एक मोठा हिरा होतो;
पैलू पाडण्यासाठी हे सर्व हिरे अमेरिकेत पाठवले जातात.

असे म्हणतात की, रशियामध्ये एक मोठा तुरुंग आहे.
त्या तुरुंगाला गज नाहीत. 'आमच्या तुरुंगाला गज बसवा,'
असा अर्ज तेथील बंदिवानांनी सरकारकडे केलेला आहे.

असे म्हणतात की, या सगळ्याच दात नसलेल्या दंतकथा आहेत!

दन्तकथा

कहते हैं कि अमेरिका के पास एक काना कुबेर है,
वह सालभर गिनता रहता है अपनी कारें
और अपने शरीर के सुनहरे बाल, पर उनमें से अधिक
कौन है, यह उसे अब भी नहीं मालूम।

कहते हैं कि फ्रांस में शराब का एक व्यापारी है
उसके एक साल के मुनाफे को गिनने के लिए
फ्रेंच सरकार को सात साल लगते हैं,
उसके अकेले के इन्कमटैक्स से फ्रेंच सेना एक
महायुद्ध का ख़र्च चलाती है।

कहते हैं कि अफ्रीका के कांगो नदी के प्रवाह के नीचे
ब्रिटिशों की बनायी एक बड़ी सुरंग है, उसमें डाली गयी
प्रत्येक काली खोपड़ी का एक साल में एक बड़ा हीरा हो जाता है;
तराशने के लिए ये सारे हीरे अमेरिका भेजे जाते हैं।

कहते हैं कि रशिया में एक बड़ा बन्दीगृह है
उस बन्दीगृह में सलाखें नहीं हैं।
'हमारे बन्दीगृह को सलाखें लगवाएँ' ऐसी अर्जी
वहाँ के कैदियों ने सरकार को दी है।

कहते हैं कि ये सारी दाँतहीन दन्तकथाएँ हैं।

(अनुवाद : दामोदर खड़से)

मथूआत्ते

कण्हेरीच्या फुलासारखे तिचे डोळे, कबरीवरील.
वाकाच्या दोरीनें कान बांधणारा चिरंजीव चष्मा,
निपुत्रिकाच्या नकारासारखा. विड्या वळणारे हात,
वाळलेले, कुड्याच्या पानासारखे, क्वचित टेंभुर्णीच्या.
सासर आणि माहेर सांधणारें पांढऱ्या पातळाचें व्रत,
पांढऱ्या दोऱ्यानेंच विड्या बांधणारें.

...एका गु गौरव मांजराची मिजास;
पांढऱ्या पातळाला मिशा पुसून
पुन्हा दारापुढील कोंवळ्या उन्हाची कळ हुंगणाऱ्या.
त्याच्या पाठीवरील वत्सल हात, लग्नलांच्छन.

एक म्हैस. जणूं आईच यमाच्या रेड्याची. स्थितिस्थापक.
अताडफताड शिंगांसाठींच जिचे डोकें;
काळ्या शाळिग्रामासारखी.
पांढऱ्या पातळाचा स्पर्श कळतांच पान्हा सोडणारी,
फक्त सुकलेल्या आयनाच्या आंबवोणावर;
तिच्या रवंथाचा निष्पाप फेस.

आणि एक भेदरट पोरगा, कोपऱ्यांत बसून अभ्यास करणारा
पेंडीच्या पोत्यावर. पेंड खाऊन बघावीसें वाटणारा.

शिंगाड्याच्या शिळ्या थालिपिठांतील संकष्टीचा एक तुकडा
त्याच्यापुढें आणणारे पांढऱ्या पातळांतील अटळ हात.

अवंढा गिळतांना हळूच हालणारा तिचा चांबखीळ रुद्राक्षासारखा.

मथू आत्ते (मथू फूफी)

कनेर के फूल-सी उसकी आँखें, कब्र पर के।
पटसन की डोर से कान बाँधने वाला चिरंजीवी चश्मा
निपूते के नकार-सा। बीड़ियाँ बनाने वाले हाथ
सूखे-से, कुरैया के पत्ते-से, क्वचित तेंदु के।
ससुराल और मायके को जोड़नेवाली सफेद धोती का व्रत।
सफ़ेद धागे से ही बीड़ियाँ बाँधने वाला।
...एक गुर्गौंख बिल्ली की अकड़;
सफ़ेद धोती से मूँछे पोंछकर
फिर दरवाज़े के सामने वाली कोमल धूप की कसक सूँघने वाली,
उसकी पीठ पर वत्सल हाथ, लग्नलांछन।

एक भैंस मानो माँ ही हो यमराज के भैंसे की। स्थिति स्थापक
चौड़े चकले-बेढंगे सींगों के लिए ही बना हो जिसका सिर,
काले शालिग्राम की तरह।
सफ़ेद धोती का स्पर्श होते ही पेन्हाती
सिर्फ़ सूखी-सी सानी पर;
उसकी जुगाली का निष्पाप झाग

और एक डरपोक बालक, कोने में बैठकर पढ़ाई करने वाला
खली के बोरे पर। खली खाकर देखने की इच्छा करने वाला
सिंघाड़े के बासी थालीपीठ का संकष्टि का एक टुकड़ा
उसके आगे करने वाला सफ़ेद धोती में से निकला अटल हाथ।

आँसू पीते हुए धीरे-से हिलने वाला मस्सा रुद्राक्ष-सा।

(अनुवाद : चंद्रकांत बांदिवडेकर)

मासा : एक स्वरचित्र

मासा, रविशंकरच्या सतारीचा;
माशासारखा, माशाहून.
त्याचा तो ओंकारनेत्र, डबडबलेला.

तारांगण तारांचें पाण्यामधून पाहणारा,
शीलवान चंपकांनी निबिड वेढलेल्या
गंधारगूढ डोहांत पाण्याहून पोहणारा,
महाप्रवाहाच्या सोनेरी झंझावातांतून
समधात होत होत समेंत सामावणारा,
समेहून.

मासा, विचल वलयांच्या लयींत फिरणारा,
विरूपाक्ष, गमकगात्र, मत्स्यावतारी;
सरहद्दी धुंडणारा; खडकावर धडकणारा,
कांठावर आपटून काळजांत कोसळणारा;
कळवळणारा, काळजाहून.

मासा, अमावस्येला मनांत येणाऱ्या
चंद्रकोरीसारखा.
त्याची भींड, ऊर्वशीच्या भुवयीसारखी,
भुवयीहूनः

गाफील इंद्रियांना फिरंगी मुलखांत
लुबाडून नेणारी, लयलवचिक मींड;
मींड अवेगनग्न, भग्नभोगी,

मछली : एक स्वरचित्र

मछली, रविशंकर के सितार पर;
        मछली जैसी, पर मछली से भी अधिक कुछ!
उसका वह आँसू भरा डबडब ओंकार नेत्र!

        नीचे से पानी की पर्त के पार—
        सौरमंडल के नक्षत्रों को देखती हुई,
सुगन्ध से गमकते चम्पक वृक्षों की सघन छाँह से आवेष्टित
गहरे जल में तैरती हुई,
महाप्रवाह के सुनहरे झंझावात में से
गुज़रकर, सम में समाने वाली,
पर, सम से भी अधिक कुछ!

मछली, चंचल तरंगों की लय में किलोल करती
गूढ़, गमक-गात मत्स्यावतार;
चट्टानों से टकराती, सीमाएँ खोजती,
कलेजा मसोस डालने वाली कसक जैसी;
पर, कसक से भी अधिक कुछ!

मछली, अमावस्या की अँधेरी रात के मन में
कौंधती चन्द्रकोर जैसी;
उसकी मीड़, उर्वशी की भौहों जैसी
पर, भौहों से भी अधिक कुछ!

गाफ़िल इन्द्रियों को मोहित कर,
अनजान प्रदेश में ले जाने वाली, लयलचीली मींड़;
मींड़, आवेग में निर्वस्त्र, भग्नभोगी

स्तनांमधून सलत जाणाऱ्या कांठासारखी,
कांठाहून.
मासा, खर्जात पोहणारा खर्जाहून,
आसमुद्रपर्यंतात, आसन्नप्रणव;
पर्यायान्तक; प्रलयानुसारी;
परार्धात् परार्धात् परार्धाहून;

मासा रविशंकराचा शंकराहून;
माशासारखा, माशाहून;
त्याचा ओंकारनेत्र, डबडबलेला.

वक्ष को सहलाती साड़ी की किनार जैसी
पर, किनार से भी अधिक कुछ!
मछली, खरज के सुरों के बीच तैरती, खरज से
भी अधिक कुछ!
समुद्र जैसी अछोर, ओंकार तत्त्व के निकट
विकल्पविहीन, प्रलयानुगामी
असीम, संख्यातीत, अनन्त
पर, अनन्त से भी अधिक कुछ!

मछली, रविशंकर की, पर, शंकर से भी अधिक कुछ!
मछली जैसी, पर, मछली से भी अधिक कुछ
उसका वह आँसू भरा डबडब ओंकार नेत्र!

(अनुवाद : पुष्पा भारती)

भुतावळ

भुतें झाडांचीं
पितात चांदणें
माणसांच्या कवटींतून;
धासतात नाकें
परस्परांच्या प्राक्तनावर;
आणि धांवतात
फक्त धांवण्यासाठीच.

भुतें पशूंचीं
करतात प्रयत्न,
दोन पायांवर
उभें राहण्यासाठीं.

भुतें पक्ष्यांचीं
काढतात टोका
झिजलेल्या चोंचांना;
जातात उडून
एकाच पंखानें
दुसऱ्या पंखाच्या
न संपणाऱ्या शोधांत.

भुतें दगडांचीं
शोधतात विटा
चन्द्रभागेंत बुडालेल्या.

पिशाच

पिशाच पेड़ों के
पीते हैं चाँदनी
इन्सानों की खोपड़ियों में
घिसते हैं नाकें
एक-दूसरे के नसीब पर
और दौड़ते हैं
सिर्फ़ दौड़ने के लिए।

पिशाच पशुओं के
करते हैं कोशिशें
दो पैरों पर
खड़े होने की।

पिशाच पक्षियों के
बनाते हैं नोंकें
घिसी हुई चोंचों में;
उड़ जाते हैं
एक ही पर के सहारे
दूसरे पर की
ख़त्म न होने वाली खोज में।

पिशाच पत्थरों के
ढूँढ़ते हैं ईंटें
जो डूब चुकी हैं चन्द्रभागा के पानी में

भुतें फुलांचीं
बसतात जाऊन
मधमाशांच्या मानेवर;
असतात झुरत
पऱ्यांच्या डोळ्यांतील
भावल्या बनण्यासाठीं.

भुतें माणसांचीं
(असतात माणसासारखींच)
घेतात विकत
नरकाचें गाईड!

पिशाच फूलों के
जा बैठते हैं
मधुमक्खियों की गर्दन पर
तरसते रहते हैं
परियों की आँखों की
पुतलियाँ बनने के लिए।

पिशाच इन्सानों के
(होते हैं इन्सानों-के-से ही!)
ख़रीदते हैं
नर्क की गाइड!

(अनुवाद : रेखा देशपांडे)

हें एकोणचाळिसाव्वें

हें एकोणचाळिसाव्वें बरें असतें; त्यांतल्या त्यांत. आपली पावलें
नाहीं करीत जिन्यावरून आवाज, आणि निघण्यापूर्वी नाहीं विसरत
आपले हात छत्री उचलायला. घराकडील नेहमीच्या वाटेला
वेग नसला तरी गति असते...हें आपल्याला कळून 'चुकतें.'

आपण आरशाकडे पाहिलें तरी फारसे आरशामध्यें
पाहात नसतो. आणि बनतो आरसाहि समजूतदार.
तो आपणाला नाहीं दाखवीत आपला पहिला पांढरा केंस;
आपणांला दिसतो तो, असतो एकोणचाळिसाव्या! तत्त्वमसि.

त्या आपल्या काल्पनिक घरापुढें बाग करण्याचा संकल्प करणारा
हळूहळू लावू लागतो कुंड्यांत फुलझाडें, बायकोच्या इच्छेप्रमाणें.
मुलांच्याबरोबर जातो सर्कशीला, फक्त मुलांकरतां,
आणि करतो देवाला नमस्कार, इतरांच्याबरोबर.

हौशी सामुद्रिकांना हात दाखवतांना नसतात आपले कान आशाळभूत;
आपण ओळखतों आपल्या मर्यादा (अमर्याद दिलदारपणाने!).

यह उनतालीसवाँ

अच्छा होता है यह उनतालीसवाँ, कुछ जमा, हमारे पाँव
नहीं करते ज़ीने में आवाज़, और निकलने के पूर्व नहीं भूलते
अपने हाथ छाता उठाने को। घर की हर दिन की राह के लिए
वेग भले न हो, गति होती है...यह अपने को ज्ञात हो 'चुकता' है

हम आईने की ओर देखते भी हैं तो भी बहुत आईने में
नहीं देखंते। और आईना भी बनता है समझदार।
वह हमें नहीं दिखाता हमारा पहला सफ़ेद बाल;
हमें जो दिखता है वह होता है उनतालीसवाँ! तत्त्वमसि!

अपने उस काल्पनिक घर के सामने बगीचा बनाने का
निश्चय करने वाला
धीरे धीरे लगाने लगता है गमलों में पौधे, पत्नी की इच्छानुसार
बच्चों के साथ जाता है सर्कस देखने, सिर्फ़ बच्चों के लिए,
और करता है देवता को नमस्कार, औरों के साथ।

शौकिया सामुद्रिकों को हाथ दिखाते समय नहीं होते
अपने कान लालायित
पहचानते हैं हम अपनी सीमाओं को (असीम दिलदारी से।)

(अनुवाद : चंद्रकांत बांदिवडेकर)

व्रत

माणसांच्या गर्दीमधून वाट काढीत तो एकटाच पुढें जायचा
माणसाला शोधण्यासाठी. त्याला अगोदरच समजलें होतें,
आपल्या डोळ्यांचे कोळसे होतील तेव्हां पूर्व पेटलेली असेल;
आपल्या ओठांची शिट्टी बनेल, मुलांना खेळवणारी;
आणि जेव्हां आपले हात फणेरी निवडुंगांतून पुढें येतील,
संन्यस्तपणानें तेव्हां चपापून नाहीं पाहणार पांखरांचे डोळे;
आपल्या खांद्यावर असेल वाढलेला एक वड, एक स्वयंसिद्ध.
त्यानें अगोदरच पाहिला होता आपल्या अंतामधील मातीचा अनंतोत्सव.

पण हें सगळें घडण्यापूर्वी त्याला हवा होता तो भेटायला; तो,
बटणाऐवजीं आपल्या कुडत्याला कांटा टोचणारा! हळूहळू
आपण कशासाठीं त्याला शोधतों आहों हेही होता तो विसरलेला
आणि आपण विसरलों आहों हेही नव्हते त्याला ठाऊक.
आतांच होत होता तो स्वतंत्र, हेतूंच्या हुतुतूनंतर पहांटे पाटामधून
वाहाणाऱ्या पाण्याप्रमाणें त्याचें मन होतें वाहत त्याच्या पायामागून.

व्रत

मनुष्यों की भीड़ में राह बनाता वह अकेला ही बढ़ता गया
मनुष्य की खोज करने। वह यह पहले समझ गया था—
उसकी आँखें कोयला बन जाएँगी तब पूर्व यूँ ही धधकता रहेगा,
उसके होंठ सीटी बन जाएँगे जिससे बच्चे खिलवाड़ करेंगे
और उसके हाथ नागफनी में से उठेंगे
संन्यास-मुद्रा में तब चिड़ियों की आँखों में कोई भय नहीं
झलकेगा—
उसके कन्धों पर रहेगा एक वटवृक्ष : एक स्वयंसिद्ध
उसने देख लिया था पहले से अपने अन्त में मिट्टी का अनन्तोत्सव।

लेकिन फिर भी यह सब हो उसके पहले वह एक बार
उससे मिलना चाहता था
जिसने उसकी कमीज़ में छाती पर बटन की जगह काँटा
लगा दिया था—धीरे-धीरे
वह यह भी भूल गया था कि वह क्यों मिलना चाहता है
और अपने इस भूलने को भी लगभग भूल चला था।
और अभी भी वह हो रहा था स्वतन्त्र-कामना की कबड्डी के बाद—
बहुत तड़के क्यारी में बहते जल की तरह मन बहता हुआ
पाँवों के पीछे-पीछे।

(अनुवाद : धर्मवीर भारती)

बकी

बकी खाज आली कीं खराखरा खाजवायची; डोक्यांतल्या उवा
तिनें काढल्या नव्हत्या गेले कित्येक महिने, सावित्री मेल्यापासून.
तिला नको तीं पुन्हां पुन्हां आठवायचीं पोटच्या सावित्रीची सुजलेली बोटें,
बसलेलें नाक, आणि माकडहाडावरचें काळपुळीचें वृंदावन.
कृष्णाप्पा होता असून नसल्यासारखाच : डाव्या हाताची करंगळी होती
लागली आखडायला; तिला पाहून गिऱ्हाइके बिचकायची.
हल्ली पिंजऱ्यामध्ये वाट पाहण्याऐवजीं ती यायची सरळ रस्त्यावर
(पोलिसांना चुकवून). अजूनहि जमायचें. जगायची जिद्दीनें.

सिद्दी जोहाराच्या एका अस्तुरीशीं जोडायची नातें आपल्या रक्ताचें.
संबूशेटची सगळी उधारी अजूनहि होती तिला फेडायची;
'इमान नाहीं तें इन्सान कसलें', म्हणायची कृष्णाप्पाला;
आणि कण्हायची ओटीपोटांतील दुखण्यानें, वीस वर्षांपूर्वीच्या.
दत्ताच्या दिमतीला तिनें आणले होते आतां साईमहाराज;
तसबिरीपुढें उदबत्ती लावतांना म्हणायची तिन्हिसांजेला,

'एकट्या दत्तावर किती भार घालायचा, घेणारा झाला म्हणून.'
बकीचें खरें नांव होतें बकुळा (पाहा : नगरपालिकेंतील जन्माची नोंद.)

बकी

खुजली होने पर बकी खरर खर खुजलाती थी, बालों के जुएँ
नहीं बीने थे उसने पिछले कई महीनों से, सावित्री की मौत के बाद
बार-बार बरबस याद आती थी उसे पेट से पैदा हुई सावित्री
की सूखी उँगलियाँ,
बैठी नाक और दुमची की हड्डी पर बना ज़हरबाद का वृन्दावन।
कृष्णाप्पा था लेकिन बेहद निकम्मा : छिगुनी बायें हाथ की
लगी थी सिकुड़ने, देख कर उसे ग्राहक थे सहमते।
इधर पिंजरे में बैठ प्रतीक्षा करने के बजाय वह आती थी
सीधे सड़क पर
(पुलिस को चकमा देकर) अब भी निबट लेती।
जी लेती थी जिद्द से।

सिद्द जौहार के एक जोरू से जोड़ती थी नाता अपने खून का।
सम्बू सेठ का पूरा बकाया अभी भी था उसे लौटाना;
'ईमान नहीं तो इन्सान काहे का'—कहा करती थी कृष्णाप्पा से।
और कराहती बीस साल पुराने पेडू के दर्द से।
दत्त की खिदमत में अब वह लायी थी साईं बाबा को।

'अकेले दत्त पर कितना भार रखा जाए, लेने वाला हुआ सो क्या?'
बकी का सही नाम था बकुल (देखिए : नगरपालिका में
जन्म का पंजीकरण)

(अनुवाद : चंद्रकांत बांदिवडेकर)

नेहरू : 1962

हिंवाळ्याच्या शेवटच्या पावलाखालील उरल्यासुरल्या बर्फासारखे
तुझे केंस, अकलंकाच्या परिघाबाहेर, भागलेल्या चंद्राएवढ्या.
आणि परिघामधून पेटत वाहणारी एक शीर, चक्रवक्रकरवतीसारखी;
फक्त तिचीच शेवटची सोबत जिथें उरते तें एकाकीपण, तुझें.
रेशमी कापडांतून आरपार धांवणाऱ्या बेपारी कात्रीसारखी
वास्तवाची धार, तुझ्या स्वप्नांच्या उद्दाम पंखांवरून चरत जाणारी.
फाटलेल्या अंधारांत एका फुप्फुसांतील अथांग विश्वासाला
दुसऱ्या फुप्फुसांतील संभ्रमित संयमानें हळूच विचारलेला कुबट प्रश्न.

आणि आसपासचा हा कोलाहल हलाहलाच्या द्वेषांत मिसळलेला;
ही सावधानता, सरपटमारी; हे पौरुष पररक्तपरायण;
लाज नसलेला 'आज', तुला वेडावणारा, तुझ्याच खांद्यावरून;
स्वातंत्र्याचा हा गायत्रीमंत्र, बुशकोटांनीं उच्चारलेला,
सूर्याला शिकवण्यासाठी!
तुझ्या सत्तरीच्या हातांत मिळालेल्या सात कवड्या
(वळलेल्या मुठीसारख्या)
त्या देणारे चामड्याचे हात आमचे, आमचेच, तूंच सोडवलेले.

नेहरू : 1962

जाड़े के अन्त में कदम तले बचीखुची बर्फ़-सरीखे
तुम्हारे बाल, अकलंक की परिधिबाहर, थकेमाँदे चन्द्र जितनी।
और परिधि में से जलती बहती जाने वाली एक नस
चक्रवक्र करौंती-सी
सिर्फ़ उसी की अन्तिम सोहोबत जहाँ शेष रहता है
वह तुम्हारा अकेलापन
रेशम के कपड़े के बीच से आरपार दौड़ने वाली बेपारी कैंची-सी
यथार्थ की धार, तुम्हारे सपनों के पंखों पर से चीरती जाने वाली।
फटे हुए अँधेरे में एक फेफड़े के असीम विश्वास से
दूसरे फेफड़े के सम्भ्रमित संयम ने हौले से पूछा सड़ा सवाल।

और आसपास का यह कोलाहल हलाहल के द्वेष में मिला हुआ;
यह सावधानी, यह छीनाझपटी, यह पौरुष पररक्तपरायण;
निर्लज्ज 'आज' तुम्हें मुँह चिढ़ानेवाला, तुम्हारे ही कन्धे पर से;
स्वतन्त्रता का यह गायत्री मन्त्र बुशकोटधारियों द्वारा उच्चारित
—सूरज को सिखाने के लिए

तुम्हारी सत्रहवीं के हाथों में प्राप्त सात कौड़ियाँ
(मुड़ी हुई मुट्ठी जैसी)
उन्हें देने वाले चमड़े के हाथ हमारे, हमारे ही,
तुम्हीं ने मुक्त किये थे।

(अनुवाद : चंद्रकांत बांदिवडेकर)

वेडी

एका ढगाला कुशीत घेऊन ती झोपली, तेव्हा तिला गर्भ राहिला.
पुढे सर्व सुरळीत झाले आपल्या धरातले मातीचे मडके
मनमुराद फोडून ती देहान्ताच्या यात्रेला निघाली.
वाटेत तिला गाढव भेटले, तिने त्याची समारंभपूर्वक पूजा केली.
धुपाटण्यातला उरलासुरला धूप कनवटीला लावून ती म्हणाली,
'ह्याचीसुद्धा राख होती तर कोणाला काय सांगणार होत्ये?
पण दैव शिकंदर आहे म्हणून कुत्र्यासारखे पुढे जाते.'
नंतर तिने वडाची पाने पिंपळाला लावली, आणि म्हणाली,

'आता मी कुणाचे काही लागत नाही, पौर्णिमेएवढेहि.'
पुढे सर्व सुरळीत झाले (हे मागे सांगितलेच आहे.)
वेढीला वीज झाली; आपले स्तन विजेला देऊन
वेडी आपली पुढे गेली; वाटेमध्ये विदूषक भेटला;
राजा भेटला, राणी भेटली; 'अ' भेटला, 'ब' भेटला;
पण वेडी शहाणी होती; तिने कोणालाच ओळखले नाही.

पगली

वह एक बादल को पहलू में ले सो गयी,
और उसे गर्भ ठहर गया,
फिर सब ठीक-ठाक निपट गया।
अपने घर के माटी के घड़े मनमाने ढँग से फोड़कर
वह देहान्त-यात्रा पर चल पड़ी।
राह में उसे गधे मिले, उसने समारोहपूर्वक उनकी पूजा की
धूपदान में बची-खुची धूप आँचल में गाँठ बाँधकर वह बोली,
'यदि इसकी भी राख हो जाती तो किसे क्या कहती?
पर भाग्य बलवत्तर है इसलिए श्वान की तरह आगे जा रही हूँ।'
बाद में उसने बरगद के पत्ते पीपल में लगाये और बोली,

'अब मैं किसी की कुछ नहीं लगती, पूनम जितनी भी।'
फिर भी ठीक-ठाक निपट गया (यह पहले कहा ही है।)
पगली को बिजली पैदा हुई;
अपने स्तन बिजली के होठों में दे पगली आगे बढ़ गयी;
राह में विदूषक मिला, राजा मिला, रानी मिली,
'क' मिला, 'ख' मिला,
पर पगली सयानी; थी
उसने किसी को भी नहीं पहचाना।

(अनुवाद : दामोदर खड़से)

हिमालयाएवढ्या मातीच्या ढिगावर

हिमालयाएवढ्या मातीच्या ढिगावर हिंदी महासागराइतके
रक्त ओतलेत तरी नाही उगवणार चिमूटभर हिरवे गवत,
असे म्हणणारा एक भ्रमिष्ट राहातो मुंबईमध्ये एका आडगल्लीत.
त्या गल्लीतली कुत्री भुंकली तरी तो थरकापतो अनामिक भीतीने;
जातो लघवीला. भ्रमिष्ट म्हणण्यापेक्षा भ्याडच म्हणा त्याला.
वर्तमानपत्रांनी सकाळी घातलेला आगीचा रतीब पितो घटाघटा.
आणि प्रायश्चित्त म्हणून फिरवतो बोटे मुलांच्या जावळातून.
गीता वाचल्यावर बजावतो स्वत:ला 'खबरदार हातामध्ये
शस्त्र धरलेस तर.' छत्री उघडल्यावर त्याला आठवते
अणुस्फोट झाल्यावर पसवणारी छत्री...छत्री कुत्र्यांची...
ठेवतो हात कुणाच्याहि खांद्यावर तोल सावरण्यासाठी.
आणि खाकीतली रणगीते ऐकून रडतो मुळूमुळू, नपुंसकाप्रमाणे
नपुंसक म्हणण्यापेक्षा देशद्रोहीच म्हणा त्याला, आपल्या स्वत:च्या
किडक्या दाढेमध्ये अटळ नियतीची सुपारी चघळीत
जाबडतो जागेपणी, 'मला हवे आहे अजूनहि जगायला,
निरभ्र आकाशातून पिकॅसोचे कबूतर उडताना पाहण्यासाठी'.

हिमालय जितनी माटी के ढेर पर

हिमालय जितनी माटी के ढेर पर हिन्द महासागर इतना
रक्त उँड़ेलने पर भी नहीं उगेगी चुटकी भर हरी घास,
ऐसा कहने वाला एक सिरफिरा रहता है मुम्बई की एक
भीतरी गली में।
उसी गली के कुत्ते भी भौंकें तो काँपता है वह अनाम भय से,
जाता है पेशाब को। सिरफिरा कहने के बजाय डरपोक ही कहें उसे।
सुबह-सवेरे अखबारों द्वारा परोसी आग की खुराक गटागट पीता है
और प्रायश्चित के रूप में फिराता है बच्चों के बालों में अँगुलियाँ।
गीता पढ़कर चेताता है अपने आपको,
'खबरदार! हाथ में जो शस्त्र उठाया तो...'
छतरी खोलने पर उसे याद आती है,
अणुस्फोट के बाद उगी छतरी...छतरी कुकुरमुत्तों की...
रखता है हाथ किसी के भी काँधे पर
सन्तुलन बनाने के लिए।
और खाक़ी वर्दियों के रणगीत सुनकर रोता है सिसक-सिसककर
नपुंसकों की तरह।
नपुंसक कहने के बजाय, देशद्रोही ही कहें उसे।
कीड़ा लगी अपनी दाढ़ों में अटल नियति की सुपारी चबाते
बड़बड़ाता है जागते हुए,
'मुझे अभी भी जीना है,
निरभ्र आकाश में पिकासो के 'कबूतर उड़ते हुए देखने के लिए।'

(अनुवाद : दामोदर खड़से)

जेव्हा होतो कवीचा जन्म

जेव्हा होतो कवीचा जन्म
तेव्हा तारे लागतात चमकायला
किंचित जलदसे;

सागरावरील भरतीची लाट
झेपावते उंच किंचित अधिकशी;

डोंगर रोखतात आपली नजर
ढगांच्या दिशेनें
काहीसे हुरहुरून, पंखांच्या शोधांत.

पण एकलकोंडें
इवलेसें रानफूल
जातें सुखावून आपल्याच असण्यानें.

होता है जब कवि का जन्म

होता है जब कवि का जन्म
तारे तब चमकने लगते हैं
कुछ अधिक ही तेज़।

सागर में ज्वार,
उठता है कुछ अधिक ही ऊँचा।

पहाड़ टकटकी बाँधे रहते हैं
बादलों की दिशा में
तरसती-सी निगाहों से, पंखों की खोंज में।

मगर एक अकेला
इतना-सा बनफूल
खुश हो जाता है अपने ही होने पर।

(अनुवाद : रेखा देशपांडे)

साठीचा गझल

सारें तिचेंच होतें, सारें तिच्याच साठीं;
हे चंद्र, सूर्य, तारे होते तिच्याच पाठीं.

आम्हीहि त्यांत होतों—खोटें कशास बोला—
त्याचीच ही कपाळी बारीक एक आंठी!

उगवायची उषा ती अमुची तिच्याय नेत्रीं.
अन् मावळावयाची संध्या तिच्याच ओठीं.

दडवीत वृद्ध होते काठी तिला बघून,
नेसायचे मुमुक्षू इस्त्री करून छाटी!

जेव्हां प्रदक्षिणा ती घालीच मारुतीला
तेव्हा पहायची हो मूर्ती वळून पाठीं!

प्रत्यक्ष भेटली का? नव्हती तशी जरूरी;
स्वप्नांत होत होत्या तसल्या अनेक भेटी.

हसतोस काय बाबा, तूं बाविशींत बुड्ढा,
त्यांना विचार ज्यांची उद्यां असेल साठी!

ग़ज़ल साठी की

सबकुछ उसका ही था, सब उसकी ख़ातिर थे;
यह चन्दा, सूरज सब, थे पिछलग्गू उसके।

माथे पर शिकन अभी उसी बात की छोटी;
झूठ किसलिए बोलें—हम भी तो उसमें थे!

उगती उषा हमारी उसकी ही आँखों में;
उसके ही अधरों पर सन्ध्या के साये थे!

छड़ी छिपा देते थे देख बुढ़ऊ उसको;
पापमोचन इस्तिरी करके वस्त्र पहनते थे!

बजरंगबली की जब प्रदक्षिणा वह करती;
पलटकर देखती थी मूरत, क्या जलवे थे!

आमना-सामना होने से क्या? ज़रूरी तो नहीं था;
हम तो जब जी चाहा, सपने में मिल लेते थे।

हँसता क्यों है बेटे, बीसी में तू बुड्ढा;
कल है जिनकी साठी, कुछ पूछ उन्हीं से लेते!

(अनुवाद : निशिकांत ठकार)

माझ्या घरीं मी पाहुणी

सर्वस्व तुजला वाहुनी माझ्या घरीं मी पाहुणी,
सांगू कसें सारें तुला, सांगू कसें रे याहुनी.

घरदार येते खावया, नसते स्मृतींना का दया?
अंधार होतो बोलका, वेड्यापिशा स्वप्नांतुनी.

माझ्या सभोंतीं घालतें माझ्या जगाची भिंत मी;
ठरते परी ती कांच रे दिसतोस जेव्हां त्यांतुनी.

माझें जगी जें मानलें, माझें न आतां राहिले;
मी 'मी' च कां मग राहिलें हे घाव सारे साहुनी.

संसार मी करतें मुका दाबून माझा हुंदका;
दररोज मी जातें सती, आज्ञा तुझी ती मानुनी.

वहिवाटलेली वाट ही मी काटतें दररोज रे
अन् प्राक्तनावर रेलतें, छाती तुझी ती मानुनी.

हुई पाहुन अपने ही घर

सर्वस्व देकर तुम्हें मैं हुई पाहुन अपने ही घर,
कैसे सब बताऊँ तुम्हें क्या बताऊँ इससे बढ़कर?

खाने दौड़ते घर-द्वार, स्मृति को आती नहीं दया?
लगा अँधेरा बोलने बावरे सपनों में आकर।

चहुँओर ख़ुद के रचती, अपने जग की दीवारें,
उस पार तुम्हें देखूँ जब, रह जाएँ वे काँच बनकर।

जग में जिसे भी समझा अपना, रहा न वो अब अपना,
मैं ही क्यों रह गयी 'मैं', घाव सारे इतने सहकर।

मौन चलाती गिरस्ती, रोक गले में अपनी सिसकी,
रोज ही हूँ होती सती, हुक्म तुम्हारा मानकर।

परम्परा की इस राह पर, चलती हूँ मैं रोज ही,
मानकर सीना तुम्हारा, रखती भरोसा भाग्य पर!

(अनुवाद : स्मिता दात्ये)

चुकली दिशा तरीही

चुकली दिशा तरीही हुकलें न श्रेय सारें;
वेड्या मुशाफिराला सामील सर्व तारे.

मी चालतों अखंड चालायचें म्हणून;
धुंदींत या गतीच्या सारेच पंथ प्यारे.

डरतात वादळांना जे दास त्या ध्रुवाचे;
हें शीड तोडलें कीं अनुकूल सर्व वारे!

मग्रूर प्राक्तनाचा मीं फाडला नकाशा;
विझले तिथेंच सारे ते मागचे इशारे.

चुकली दिशा तरीही आकाश एक आहे,
हें जाणतो तयाला वाटेल तेथ न्या रे.

आशा तशी निराशा, हें श्रेय सावधांचें;
बेसावधास कैसे डसणार हे निखारे.

रस्ता भटक गया, तो क्या...

रस्ता भटक गया, पर फिसला नहीं है सबकुछ;
दीवाने मुसाफिर से, मिले हुए हैं ये तारे।

चलता हूँ मैं बराबर कि चलना ही है निरन्तर;
रफ़्तार के नशे में, रस्ते सभी हैं प्यारे।

तूफ़ान से हैं डरते, ध्रुव के ग़ुलाम जो हैं;
ये पाल तोड़ दो बस, क़ायल हैं सब हवाएँ।

मग़रूर क़िस्मतों का फाड़ा जहाँ है नक्शा;
गुल हो गये वहीं पर, पिछले सभी इशारे।

रस्ता भटक गया, पर आकाश एक ही है;
जो जानता है उसको चाहे जहाँ ले जाए।

ये आशा औ' निराशा उनकी,—खबर जो रखते;
जो बेखबर है उसको क्यों कर डसें अँगारे।

(अनुवाद : रेखा देशपांडे)

गझल उपरतीचा

परकेंच होउन मी इथे सारे पसारे पाहिले;
—उशिराच हें क्ळलें जरा—जगणेंच बाकी राहिलें.

ठेचाळले कोणी इथे; घसरून पडले वा कुणी;
मी तोल माझा साधला हें श्रेय मोठें मानिलें!

कोणी पुरातुन व्हावले; खचले कुणी चिखलामध्यें;
कोरड्या या स्वच्छतेचें शील मी संभाळिलें!

विजयी सदा! तेंही खरे. दिसलें तुम्हालाही तसें.
—मी पराभव टाळण्या संग्राम काही टाळिले!

देशीविदेशी वस्तुनी भरलीं घराची दालनें;
मजलाच ना जागा उरे, हें पार उलटें जाहलें!

चारी दिशांच्या काढल्या साक्षी खरें तें शोधण्या;
अपुलें खरेपण सोडुनी कोणास का तें गावलें?

पछतावा (ग़ज़ल)

पराया बनके पसारा हमने सारा देख लिया;
समझ गये कुछ देरी से, जीना ही बाकी रह गया।

ठेस खाई किसी ने औ' कोई फिसलकर गिर गया;
सन्तुलन साधने को ही तब श्रेय बड़ा मान लिया!

कोई बह गया बाढ़ में, कीचड़ में धँसा कोई;
साफ़ सूखे शील को, लो हमने बचाकर रख लिया!

फतहयाब हरदम! सच है, तुमने भी ऐसा देखा?
हार को टालने हमने, समर को ही कुछ टाल दिया!

दालान भर दिये घर के देसी विदेसी चीजों से;
बची न जगह अपने लिए, काम उल्टा हो गया!

सच की खोज में बनायीं साक्षी दसों दिशाएँ;
अपनी सचाई छोड़कर, किसी को वह मिल सका?

(अनुवाद : निशिकांत ठकार)

स्तन्यसूक्त

स्तनाकार आकाश। पर्वत स्तनाकार।
स्तनाकार उसवत्या ढगांचा भास।
स्तनाकार फळें। स्तनाकार बुबुळें।
प्रस्फुटत्या कळ्या स्तनाकार॥
स्तनाकार सन्तु पालुचा घुंमट।
उमटणारा उद्गार स्तनाकार।
गुह्यें स्तनाकार। गुहा स्तनाकार॥
गुहें तील तपस्वी अंधार स्तनाकार॥
समानीं हृदयें स्तनाकार।
चिंता स्तनाकार। चिता स्तनाकार
स्तनाकार अग्निशिखा। स्तनाकार जगत्।
स्तन्याकार ब्रह्म॥

स्तन्यसूक्त

स्तनाकार आकाश। पर्वत स्तनाकार।
स्तनाकार उमड़ते मेघों का भास।
स्तनाकार फल। स्तनाकार पुतलियाँ।
प्रस्फुटित कलियाँ स्तनाकार॥
स्तनाकार सन्त पाल का गुम्बद।
उठनेवाला उद्गार स्तनाकार
गुह्य स्तनाकार गुफा स्तनाकार
गुफा का तपस्वी अँधेरा स्तनाकार
समान हृदय स्तनाकार।
चिन्ता स्तनाकार चिता स्तनाकार
स्तनाकार अग्निशिखा। स्तनाकार जगत्
स्तन्याकार ब्रह्म॥

(अनुवाद : निशिकांत ठकार)

वज्रसूक्त

लाख सांगाड्यांची कवायत पाहत मी एकटाच उभा होतों.
त्या सांगाड्यांत प्राण होता, कारण ते हालत होते;
त्या सांगाड्यांना प्राण होता, कारण ते चालत होते;
त्यांचा डावा पाय पुढें होता पण अजून टेकलेला नव्हता;
त्यांचा उजवा पाय मागें होता पण अजून उचललेला नव्हता.
पुढचा पुढें गेल्यावर मागचा मागें राहतो.
लाख सांगाड्यांची कवायत पाहत मी एकटाच उभा होतों.

लाख विचारांची कवायत पाहत ते तिथेंच उभे होते!
माझे विचार चालत होते, माझे विचार हालत होते;
मी विचार करीत होतों कारण मी मोजीत होतों;
मी विचार करीत होतों कारण मी तोलीत होतों;
मी विचार करीत होतों विचारांबद्दल, विचारांमधून.
विचारांच्या वळणावरून सांगाड्यांचा एक कळप वळत होता.
लाख सांगाड्यांची कवायत पाहत मी एकटाच चाललेला होतों.

त्या सांगाड्यांना हे सांगाडे भिडणार होते, भिडले नव्हते.
त्या सांगाड्यांशीं हे सांगाडे लढणार होते, लढले नव्हते.
वास्तवाशीं विचार भिडला तरी रक्तपात होत नसतो;
फक्त क्षितिजांतून थिजलेल्या भीतीचा एक काळलोट विमुक्त होतो

विचारांची लस विचारांना टोचली की विचारही वज्रदेही होतात.
लाख सांगाड्यांची कवायत पाहत लाख सांगाडे उभे राहतात!

वज्रसूक्त

लाख ठठरियों की कवायद देखता हुआ मैं अकेला ही खड़ा था।
उन ठठरियों में प्राण था, क्योंकि वे हिलती थीं
उन ठठरियों में प्राण था, क्योंकि वे चलती थीं
उनका बायाँ पैर आगे था, पर अभी नीचे टिका हुआ नहीं था।
उनका दायाँ पैर पीछे था, पर अभी वह उठा हुआ नहीं था।
आगे का आगे जाने पर पीछे का पीछे ही रह जाता है।

लाख ठठरियों की कवायद देखते हुए मैं अकेला ही खड़ा था।
मेरे विचार चल रहे थे, मेरे विचार हिल रहे थे,
मैं विचार कर रहा था क्योंकि मैं गिन रहा था
मैं विचार कर रहा था क्योंकि मैं नाप रहा था।
मैं विचार कर रहा था विचारों के बारे में विचारों में से।
विचारों के मोड़ पर से ठठरियों की एक रेवड़ मुड़ रही थी।
लाख ठठरियों की कवायद देखते हुए मैं अकेला ही चल रहा था।

उन ठठरियों से ये ठठरियाँ टकराने वाली थीं, टकराई नहीं थीं
उन ठठरियों से ये ठठरियाँ लड़ने वाली थीं, लड़ी नहीं थीं।
वास्तव से विचार टकरायें तो रक्तपात नहीं होता;
सिर्फ़ क्षितिज में से जमी हुई भीति का एक काला आकार
विमुक्त होता है।

विचारों का टीका विचारों को लगाने पर विचार भी वज्रदेही बनते हैं
लाख ठठरियों की कवायद देखते हुए लाख ठठरियाँ खड़ी रहती हैं।

(अनुवाद : प्रभाकर माचवे)

हिमयोग : किती कठीण परदेसात पोहोचणें

या निष्पर्ण वृक्षांची सावली जरी पडली माझ्या शरीरावर
तरी शरीराला फुटतील पानें फक्त फणसाचीं, याची नव्हती मला कल्पना;
नव्हती कल्पना चावरा वारा बसेल सांगत मोहोराच्या बातम्या;
नव्हती कल्पना इथें पार्थिवाला फळवील बर्फ, आणि रुजेल
ह्या बर्फामध्यें तें हिरण्यगर्भ, सतलजच्या पलीकडील.

नव्हती कल्पना चार हजार मैल ओलांडूनही मी शेवटीं
पोहोंचेन फक्त माझ्याच देशांत; असेल वहात गंगाच मिसीसिपींतून;
असतील तिचेच दोन हात शस्त्रद्वीपाला मिठींत पकडणारे.

किती कठीण परदेशांत पोहोंचणें, स्वदेशाचा त्याग केल्याशिवाय.
जेनेसिओमधील फादर डॅग्लीच्या घरासमोरील एका कुंडीमध्यें
मला भासलें तुळशीवृंदावन, आणि रात्रीच्या निर्भर नृत्यांत
मला भासल्या अनेक गोपी अनेक कृष्णांसह रासक्रीडा करतांना,
तेव्हांच चपापलों! किती कठीण परदेशांत पोहोचणें.
उंबरठ्याला फुटलेली मथुरेची पायवाट असते न संपणारी,
अटलांटिक ओलांडूनही.

हिमयोग : कितना मुश्किल परदेश पहुँचना

इन निष्पर्ण वृक्षों की छाया गिरी मेरी देह पर
तब भी मेरी देह से फूट पड़ेंगे पत्ते सिर्फ़ कटहल के,
मैंने यह कभी सोचा भी नहीं था;
नहीं सोचा था कि चुभती हवा सुनाती रहेगी बौर की खबरें;
नहीं सोचा था कि यहाँ पार्थिव को फलेगा बर्फ़
और उगेगा इस बर्फ़ से वह हिरण्यगर्भ, सतलज के पार का।

नहीं सोचा था कि चार हजार मील लाँघकर भी मैं
पहुँचूँगा अन्ततः अपने ही देश में;
गंगा ही बह रही होगी मिसीसिपी से,
होंगे उसके ही दो हाथ शस्त्रदीप को आलिंगन देनेवाले।

परदेश में पहुँचना कितना मुश्किल,
स्वदेश का त्याग किए बिना
जेनेसिओम के फादर डैग्ली के घर के सामने के गमले में मुझे
आभास हुआ तुलसी वृन्दावन का
और रात्रि के निर्भर नृत्य में मुझे लगे अनेक गोपी
अनेक कृष्ण के साथ रास-क्रीड़ा करते हुए,
तभी चकित मैं! कितना मुश्किल है परदेश पहुँचना।
देहरी से निकली मथुरा की पगडण्डी कभी खत्म नहीं होती,
अटलांटिक लाँघने के बाद भी!

(अनुवाद : दामोदर खड़से)

हिमयोग : नग्न शरीराला बर्फ भेटल्यावर

स्ट्रिपशोमध्यें एकेक चिंधीची बनते द्रौपदी, तशाच वजनानें सेप्टेंबरमध्यें
फेंकलीं पानें ह्या झाडांनीं निर्वस्त्र होतांना; आणि आतां डिसेंबरच्या डहाळीवर
क्वचित् कुठेंतरी उरलें एखादें शेवटचें तृसुपर्ण अवधूतपणाचा धूप पेटवणारें.
आतां सगळींच झालीं मृत्युंजय; हरवल्या खुणा हिरवट नांवांच्या;
चालली विराटाकडे वैराटाच्या वाटेनें; दाखवीत नाथमुद्रा : आकाश झाडणाऱ्या
उलट्या खराट्याची. बर्फस्पर्श वारे फरशीच्या धारेचे लागले झंझाटूं;
लागले ढवळूं ज्याझची लय आदिम महाप्राणांत : ॐ, –ह्राँ, –ह्रीं, –ह्रूँ...
इथें निसर्गाला संन्यास घेतांनाही हवें असतें विधीचें वैभव,

या भोगभूमींत. मात्र याच बर्फाच्या स्पर्शानें मी आलों पुन्हां शुद्धीवर.
आज प्रथमच चर्रथंडींतही मला वाटलें कपड्यांचें ओझें;

आणि त्यांचा भार उतरल्यावर कपड्यांच्या खालची माझी चामडी
मला भासली कापसाच्या गोत्रांतली. आला कुणीतरी शिडें हाकारून
ध्रुवाच्या दिशेनें; लागला पुकारूं बर्फाचीं फर्मानें; उजाडलों 'हजर' म्हणून.
नग्न शरीराला बर्फ भेटल्यावर पडते ठिगणी निराळ्या अग्नीची.

हिमयोग : नग्न शरीर बर्फ़ से लिपटने पर

स्ट्रिपशो में एक-एक चिन्दी की बनती है द्रौपदी,
ऐसी ही विवशता में सितम्बर में इन वृक्षों ने फेंक दिये पत्ते
विवस्त्र होते हुए, और अब दिसम्बर की टहनी पर
शायद ही कहीं बचा हो एकाध पीत-पात विरागीपन का
धूप जलानेवाला। अब सभी हो गये मृत्युंजय; गुम हुए संकेत
हरेपन के नाम के,
चल रहे विराट की ओर वैराट्य की राह से, दिखाते नाथमुद्रा :
आकाश बुहारने वाली उल्टी झाड़ू की। बर्फ़ स्पर्शित हवाएँ
फरसे की धार-सी लगी झिंझोड़ने, घुलने लगी जाज लय
आदिम महाप्राण में : ॐ ह्राँ ह्रीं ह्रूँ...यहाँ संन्यास
लेते समय चाहिए होता है प्रकृति को भी विधि का वैभव,
इस भोगभूमि में।
—पर इसी बर्फ़ के स्पर्श से मैं फिर आया होश में। आज
पहली बार कँपकँपाती ठंड में भी मुझे कपड़ों का लगा
बोझ और उनका भार उतरने पर कपड़ों के नीचे
मेरी त्वचा मुझे लगी कपास के गोत्र की। आया कोई
पाल खोलकर ध्रुव दिशा से, सुनाने लगा बर्फ़ के फरमान,
पौ-सा फटा 'हाजिर' कहकर। नग्न शरीर पर बर्फ़ के
लिपटने से गिरती है चिनगारी भिन्न अग्नि की।

(अनुवाद : दामोदर खड़से)

एक वक्र हिमयोग

हिममानवाची अस्सल अवलाद, अशीं पोरें! परस्परांवर
बर्फवर्षाव करणारीं; बर्फानें खिदळणारीं; बर्फांत आदळणारीं;
बर्फनेत्र, बर्फगात्र, बर्फमत्त; बर्फाचीं बर्फाहून.

बरर्फ...बरर्फ...बरर्फानें बिथरलेले झाडांचे सांगाडे, 'शेक' नें शिलगावलेले;
सुसाटाच्या उठावावर अस्थिनृत्य करणारे, स्वतःच्या शवपेटीमधून
बाहेर येऊन त्याच शवपेटीवर विकट करणाऱ्या भुतावळीप्रमाणें.

बरफ. बरफ. बरफ थकलेलें चर्चच्या पायऱ्यांवर. बरफ अश्राप
थंडीने गारठलेलें. बरफ पिकलेलें घरांच्या टकलांवर.
बरफ अविकलेलें चिकचिखल्या रस्त्यांवर. बरप. बरप.

पुन्हां बर्फ. बर्फांतून ठिबकणारीं दोन पावलें कुणा एकाकी
उसवलेल्या जिवाचीं.
त्या मनांतील बर्फाची हक़ीगत. त्या बर्फावरून स्केटिंग करणारी
एक परीपीडा, भळभळीत; बर्फ जळजळीत; त्याचा थंड डाग जिभेवर.

एक वक्र हिमयोग. गतीच्या किनाऱ्यावर काळस्तंभन करणारा;
द्वैताला दरडावणारा, हेन्री मूरच्या 'न्यूक्लर एनर्जी' चा गणपती बनवून.

एक वक्र हिमयोग

हिममानव के असली औलाद जैसे बच्चे! आपस में
हिमवर्षा करने वाले, धींगा-मुश्ती करने वाले, बर्फ से
टकरा जाने वाले, बर्फ़ नेत्र, बर्फ़ गात्र, बर्फ़ से बर्फ़ तक।

बर्रफ़...बर्रफ़...बर्रफ़ से बिखरे हुए वृक्षों के पिंजर,
*'शेक' द्वारा सुलगाए हुए, आँधी के आवेश पर अस्थिनृत्य
करने वाले, अपनी ही शवपेटिका से बाहर आकर उसी
शवपेटिका पर अट्टाहास करने वाले भूत-पिशाचों के
जमघट की तरह!

बरफ / बरफ / बरफ थके चर्च की सीढ़ियों पर। बरफ
ठिठुरती टंड से जमी हुई। बरफ पक्के घरों की गंजी खोपड़ी पर।
बरफ अविकल कीचड़ सनी राहों पर। बरप। बरप।

फिर बर्फ़। बर्फ़ से चूने वाले दो कदम किसी एकाकी उखड़े
प्राणों के। उस मन के बर्फ़ की हकीक़त। उस बर्फ़ पर
स्केटिंग करने वाली एक परीपीड़ा, धायँ-धायँ, बर्फ़
धधकती, उसका ठण्डा दाग़ जीभ पर।

एक वक्र हिमयोग। गति के किनारे पर गतिरोध
करने वाला, द्वैत को धमकाने वाला, हेनरी मूर के
'न्यूक्लियर एनर्जी' का गणेश बनाकर!

(अनुवाद : दामोदर खड़से)

---

* एक वृक्ष

हिमयोग : घराकडच्या आठवणी

घराकडच्या आठवणी: दाराच्या कडीच्या, घातल्या न घातल्याच्या.
न्हाणींतल्या साबणाच्या संवयीच्या वासाच्या. चौघांच्या श्वासांच्या.
चड्डीच्या नाडीचें टोंक आंत गेल्याच्या. गालफुगव्या आवळ्याच्या,
खिडकीवरील कावळ्याच्या; थर्मामिटर फुटल्याच्या,
एकदाची गांठ सुटल्याच्या.
भांडल्याच्या, शेजारणीच्या उखळामध्यें रेशनची करड कांडल्याच्या.
ब्रटणें हरवल्याच्या; हरवल्यावर सांपडल्याच्या; सांपडून पुन्हा हरवल्याच्या.

बीटाच्या, थीटाच्या. केरसुणी बांधल्याच्या. फुटकी कांच सांधल्याच्या.
आमसुलाच्या साराच्या, लोणच्याच्या खाराच्या. गौरीच्या, गणपतीच्या.
आरशावर पडलेल्या तेलाच्या डागाच्या; रुसलेल्या रागाच्या.

'आम्ही-म्हणजे-अडचणी' च्या; 'सगळीं-सोंगें' वगैरेच्या;
'पावडर-दिसते-आहे-का' च्या.

बाटलीमध्यें अडकलेलें सबंध बूच काढल्याच्या. हातावर वाढल्याच्या.
आशेच्या, निराशेच्या. रद्दीमध्यें फसल्याच्या. संडास बंद असल्याच्या.
चेंडू हरवून झाल्याच्या. खिडकीशीं काढलेल्या कानांतल्या मळाच्या.
संथखोल पाण्यामधील नियतीच्या गळाच्या. एकटीच्या बळाच्या.

हिमयोग : घर की यादें

घर की यादें : दरवाज़े की कुंडी, लगाने की, न लगाने की।
स्नानगृह के साबुन की आदत की गन्ध। चारों के श्वासों की
चड्डी के नाड़े का छोर अन्दर ही अटक जाने की।
गालफूले आँवले की, खिड़की के कौवे की, थर्मामीटर
फूटने की, अन्ततः गाँठ खुल जाने की। झगड़े की,
पड़ोसन की ओखली में राशन के अधकुटे चावल कूटने की,
बटन खो जाने की, खोने पर मिलने की, मिलकर फिर खो जाने की।

बीटा की, थीटा की। झाड़ू बाँधने की।
टूटा काँच जोड़ने की। अमचूर के सार की, अचार के
खार की। गौरी की, गणपति की। आईने पर उभरे
तेल के दाग़ की। रूठे हुए गुस्से की।
'हम-यानी-मुसीबत' की 'सारे ढोंग' आदि की,
'पाउडर दिखता है क्या?' की बात की।

बोतल में अटके समूचे डाट को निकालने की, हाथ पर
परोसने की। आशा की निराशा की। रद्दी में धोखा होने की।
संडास बन्द होने की। गेंद गुम हो जाने की। खिड़की
के पास कान का मैल निकाले जाने की। धीमे गहरे
पानी में डाली नियति की बंसी में लगे चारे की।
अकेली के बल की।

(अनुवाद : दामोदर खड़से)

वक्रतुंड महाकाय

वक्रतुंड महाकाय गणपतीच्या सोंडेकडे पाहून
(अश्लील वाङ्मय चोरून वाचणाऱ्या)
एका प्रमदेला
कामेच्छा झाली.

तिचे दोन्ही मोदक स्तन
चट्टदिशी घट्ट धरून
वक्रतुंड महाकाय गणपतीने
तिला एकवीस वेळा आकाशात गरगर फिरवली
आणि जेहेत्तेकालाचेठायी
श्लील नामक घोर नरकामध्ये फेकून दिली.

वक्रतुंड महाकाय

वक्रतुंड महाकाय गणेश जी की सूँड़ को देख
(अश्लील साहित्य चोरी-छुपे पढ़नेवाली)
एक प्रमदा
कामातुर हुई।

उसके दोनों मोदक स्तनों को
तुरत मज़बूती से पकड़
वक्रतुंड महाकाय गणेश जी ने
उसे इक्कीस बार अन्तरिक्ष में चक्राकार घुमाकर
तत्कालीन मौजूद
श्लील नामक घोर नर्क में पटक दिया।

(अनुवाद : प्रकाश भातम्ब्रेकर)

अगा कवितांनो

अगा कवितांनो
किती ढंग, किती तऱ्हा!
एक शब्दानां असह्य होणारी;
एक भाबडी, बोलाफुलाची;
एक अस्वस्थ, उमेदीतला मेद झाडणारी;
एक कविता, उंदरावर बसलेल्या संक्रांतीसारखी
दक्षिणेकडे जाताना उत्तरेकडे पाहाणारी;
एक अक्कल हुशारीची, तटस्थपणे डोळा घालणारी
एक सावध, नऊवारी इंदुरी नेसून
अधूनमधून पदर सावरणारी,
एक कविता काळीचूर
रक्तामधला महापूर;

एक दिसायला बाजारबसवी,
आतून खरी, वरून फसवी;
एक निःस्तब्ध, दोन ओठांतील निःशब्दासारखी;
एक बुजरी, स्वतःच्याच सुगंधाला लाजून
स्वतःमध्ये लपून बसणारी;
एक उग्र, वास्तवव्यग्र;
एक कविता, उंटावरून शेळ्या हाकणारी;
एक रोकडी, ताई तेलीण;
एक बडबडी, गोष्टिवेल्हाळ, पोरांबरोबर ऐसपैस खेळणारी;
एक कविता, यज्ञाच्या शोधात फिरणाऱ्या
पेटेल्या ज्योतीसारखी;
एक सडसडीत, भाकरीबरोबर ठेचा खाणारी.

हे कविताओ!

हे कविताओ!
कितने ढंग, कितने रंग!
शब्दों को असहनीय होती कोई;
निरीह, हल्की-फुल्की कोई;
बेचैन, उम्मीदों की चर्बी गलाने वाली कोई;
कविता, चूहे पर सवार संक्रान्ति जैसी
दक्षिणगामी होकर भी उत्तर की ओर मुखातिब;
एक तेज़-तर्रार, आँख-मारू कोई
चुस्त-चौकस, नौगजी इन्दूरी लपेटे
यदा-कदा पल्लू सँवारने वाली कोई;
एक कविता कालीचूर
दूजी लाल महापूर;

कोई लगती छम्मकछल्लो ठठरी
भीतर से खरी, ऊपर से मसखरी;
कोई नीरव, दो होठों के बीच निःशब्द सी;
कोई शर्मीली, अपनी ही महक से सहमी
अपने में ही खोयी-खोयी सी;
कोई तल्ख़, यथार्थ में पगी;
कोई 'खिचड़ी पका रही हूँ' जैसी;
कोई बेबाक, चिकनी-फिसली;
कोई बातूनी, किस्सागो, बाल-खिलन्दड़ी;
कोई हवनकुंड की टोह में निकली
ज्वाला-ज्योति-सी;
कोई छरहरी, रोटी के संग प्याज़ खाने वाली।

अगा कवितांनो
किती ढंग, किती तऱ्हा!
सगळ्याच चाललात पंढरपुरा;
लंगडणारा एक कुत्रा
लाळ गाळीत येतो मागून
त्याला सुद्धा घेऊन चला.

हे कविताओ।
कितने ढंग, कितने रंग!
चल पड़ी हो पंढरपुर सभी;
तो लँगड़ाता कुत्ता
लार चुआते है आ रहा
उसे भी संग लेती जाओ।

(अनुवाद : प्रकाश भातम्ब्रेकर)

भाकडकाका

खरें सांगूं, आतां माझ्याहि कविता मला बिलकूल आठवत नाहींत,
आणि मोठी मजा येते.

पूर्वी आठवायच्या, अर्धवट; दारावरून कधींकाळीं गेलेल्या
प्रेताच्या चेहेऱ्याइतपत. कधीं आठवायचा एखाद्या कवितेंतील
मुठी वळेलेला हात; कधीं एखादी भंगुर प्रतिमा,
झोंपलेल्या पापणीखालील बेवारशी थेंबासारखी. कधीं एखादा
भाबडा शब्द, इतर शब्दांकडे टकमक पाहाणारा. इतरांच्या कवितेंत
कधीं माझेच शब्द उमगायचे (जणूं माझ्या बापाचाच माल!);
राग यायचा; वाटायचें, या शब्दांचा कान पकडावा
आणि सांगावे, 'मुकाट्यानें आपल्या वर्गांत जाऊन बसा.'
...बरोबर, बरोबर बोललांत. खरें म्हणजे ती सुद्धां गंमत होती;
पण तेव्हां राग यायचा, गंमत वाटण्याऐवजीं.
आता रागाचाच राग येतो...एकूण काय, राग कायमच!
—म्हणा, तसेंही म्हणा. पण आतां एकंदरींत मजा येते;
कारण आतां माझ्याहि कविता मला बिलकूल आठवत नाहींत.

...खरें कीं काय? म्हणजे वाचलेंच पाहिजे! पण वाचीनचसा नेम नाहीं.
प्लेटो, ॲरिस्टॉटल, कणाद, कांट, हेगेल, फ्राइड, चार्वाक, नित्शे,
मार्क्स, विडगिन्स्टिन, शंकर (बाप रे, अजून इतके आठवतात!)...
आणखी कोण तो...हा आपला...'आ' पासून सुरुवात आहे...
आंबेडकर नव्हे हो!...आठवेल, प्रयत्न केला तर अजूनहि आठवेल;
पण मुद्दा असा : शिंदळिच्यांनीं सगळेंच सांगून टाकलें; उरला तो अथर्व,
न सांगतां येण्यासारखा. आता त्यांचीं शष्पें विंचरा; उत्साह असल्यास...

बूढ़े काका

सच बताऊँ, अब अपनी ही कविताएँ मुझे तनिक भी याद नहीं,
बड़ा अजीब-सा लगता है।

इससे पहले याद रहती थीं, कुछ कुछ; किसी समय घर के सामने
से गुज़रे शव के चेहरे जितनी। कभी किसी कविता में
भींची मुट्ठी का हाथ; कभी कोई भंगुर प्रतिमा,
उनींदी पलक में दबी लावारिस बूँद-सी। कभी एकाध
निरीह शब्द, अन्य शब्दों को भौंचक निहारता। औरों की
कविताओं में कभी मेरे ही शब्द झाँकते
(मानो मेरे बाप का माल हो!);
ख़ून गरमाता, ऐसा लगता मानो शब्दों का कान उमेठकर
कहा जाए, 'चुपचाप अपने दायरे में चले चलो।'
—सही, सही कहा आपने। दरअसल वह भी एक जुनून था;
लेकिन उस वक़्त गुस्सा आता था, जुनून के बजाय।
अब गुस्से पर गुस्सा आता है...फिर भी गुस्सा तो स्थायी है!
—कहिए, वैसा भी कहिए। लेकिन अब तो वाकई मज़ा आता है।
क्योंकि अब मुझे अपनी कविताएँ तनिक भी याद नहीं।

—क्या कहते हो? यानी कि पढ़नी होंगी! पता नहीं पढ़ भी पाऊँगा।
प्लेटो, अरस्तू, कणाद, कांट, हीगेल, फ्रायड, चार्वाक, नीत्शे,
मार्क्स, विड्गिन्स्टिन, शंकर (बाप रे, अभी भी इतने नाम याद हैं!)
और अपना...वही...'आ' से शुरू होनेवाला...
आम्बेडकर नहीं!...आएगा, दिमाग़ को झँझोड़ूँ तो शायद
आ भी जाए याद;
लेकिन हक़ीक़त यह है : कि कम्बख़्तों ने सब बक दिया;
बचा है तो सिर्फ अथर्व,
अकथनीय। अब उनकी झाट सहलाओ; गर जोश हो।...

(अनुवाद : प्रकाश भातम्ब्रेकर)

उतरतीवर उगवणारीं सत्यें

उतरतीवर उगवणाऱ्या सत्यांना
पाऊसपाण्याची जरुरी नसते;
नसते जरुरी मृगाच्या गडगडाटाची;
एक दिवस सकाळीं तीं तिथें असतात.

पांच मिनिटें हा काल प्रदीर्घ असतो;
व्यायाम करतांना हें उगवतें, समोरच्या आरशांतून.

आपली जीभ आपली नसते;
ती असते पदार्थांना सामील झालेली, एक व्यभिचारिणी.
हें उगवतें शेजारून येणाऱ्या भज्यांच्या वासांतून.

खऱ्या अर्थानें दुसरें कुणींहि आपलें नसतें;
मुलगे सुनांचे असतात, मुली जावयांच्या;
आणि नातवंडें खाऊचीं वा चिऊचीं, क्रिकेटचीं वा टीव्हीचीं.
पण हें बोलायचें नसतें, समजायचें असतें;
आणि वागायचें असतें, समजून न समजल्यागत.
हें उगवतें गार पाण्यानें दाढी करतांना, साबणाच्या फेसांतून.

आतां, तीऽ असते, हें खरें;
पण तीऽ असते म्हणजे आपणच असतों, अर्थ एकच.

स्नेहापुरते स्नेही असतात;
पण तेही उतरतीवरून घसरूं लागतात;

ढलान पर पनपते सत्य

ढलान पर पनपने वाले सत्यों को
वर्षा–पानी की ज़रूरत नहीं होती;
मृग नक्षत्र की गड़गड़ाहट की भी नहीं;
किसी दिन पौ फटते ही वहाँ वे होते हैं!

पाँच मिनट का समय भी प्रदीर्घ होता है
वर्जिश करने के दौरान यह पनपता है, सामने के शीशे में।

अपनी ज़ुबान अपनी नहीं होती;
वह होती है पदार्थों में शामिल, एक व्यभिचारिणी।
यह पनपनती है पड़ोस से आती साग की महक के बूते।

दरअसल अन्य कोई भी अपना नहीं होता;
बेटे बहुओं के होते हैं, बेटियाँ दामादों की;
और नाती–पोते चाकलेट–चिड़ियों के, क्रिकेट या फिर टीवी के।
लेकिन यह कहने की नहीं, महसूस करने की बात है;
और व्यवहार में जानकर अनजान बनना होता है।
यह उगता है ठण्डे पानी से दाढ़ी बनाते वक्त,
साबुन की झाग के भीतर से।

सच है कि व...ह होती है;
लेकिन व...ह भी हमी होते हैं। नतीजा वही।

स्नेहीजन वहीं तक स्नेहल होते हैं;
वे भी ढलान पर फिसलने लगते हैं;

कांहीं फसवतात पुढच्या वर्षाचा वायदा करूनहि.
पण आश्चर्याला जागा नसते;
ती शोधावी लागते, सापडली तर आपल्यालाहि बरें वाटतें.
हें उगवतें आपल्या गुडघ्यांना
आपण स्वतः च मॉलिश करतांना, नारायणतेलांतून.

बायकांच्या शरीराची रचना आपल्या मानानें अधिक सोयीची
हें अभावितपणें प्रत्ययाला येतें;
तरीहि परमेश्वर न्यायी म्हणण्यानें फारसें बिघडत नाहीं.
कुणा अकर्म्याला चांगलेपणा लाभत असेल तर लाभूं द्यावा!
हें उगवतें बिछान्यावरून छताकडे पाहतांना
छताला पडलेल्या ओलीच्या डागांतून.

उतरतीवर उगवणारीं सत्यें
असत्यांना खिजवीत नाहींत;
मारतात त्यांच्याशीं शिळोप्याच्या गप्पा
नुकत्याच निवर्तलेल्या सुप्रसिद्ध सिद्धांताविषयीं,
किंवा प्रकृतिविषयीं, स्वतःच्या व त्यांच्याहि.

कुछ तो धोखा दे जाते हैं अगले वर्ष का वादा करके भी।
लेकिन आश्चर्य की गुंजाइश नहीं होती;
वह बनानी पड़ती है, बन जाए तो सुकून मिलता है।
यह पनपता है अपने घुटनों की
मॉलिश अपने ही हाथों नारायण तेल से करने के दौरान।

स्त्रियों के शरीर की रचना हमारी तुलना में ज़्यादा सुविधाजनक है,
यह अनायास महसूस होता है;
तथापि परमात्मा को न्यायवान कहने से कोई फ़र्क नहीं पड़ता।
किसी अकर्मण्य को भलापन बहाल होता हो, तो भले हो!
यह पनपता है बिस्तर पर लेटकर छत को निहारने के दौरान
छत से रिसती सीलन में से।

ढलान पर पनपते सत्य
असत्यों को खिझाते नहीं
गपशप करते हैं अनौपचारिक
हाल ही में निश्चेष्ट हुए सिद्धान्त को लेकर
अथवा स्वास्थ्य को लेकर, अपने और उनके भी।

(अनुवाद : प्रकाश भातम्ब्रेकर)

भारतीय स्त्रियांसाठी स्थानगीत

(चाल : संचलनगीताची)

कर कर करा,
मर मर मरा;
दळ दळ दळा,
मळ मळ मळा;
तळ तळ तळा,
जळा आणि जळा.

कर कर करा,
मर मर मरा;
बाज बाज बाजा,
पाज पाज पाजा;
पोस पोस पोसा,
पोसा आणि सोसा.

कर कर करा,
मर मर मरा;
धूव धूव धुवा,
शीव शीव शिवा;
चीर चीर चिरा,
चिरा आणि झुरा.

कर कर करा,
मर मर मरा;
कूढ कूढ कुढा,
चीड चीड चिडा;
झीज झीज झिजा,
शिजवा आणि शिजा.

भारतीय स्त्रियों के लिए समूहगीत

(धुन : परेडगान की)

खटती रही, खटती रहो,
मरती रहो, मरती रहो;
पीसती रहो पिसती रहो,
गूँधती रहो, माँडती रहो,
तलती रहो, तलती रहो,
जलती रहो, जलती रहो।

खटती रहो, खटती रहो
मरती रहो, मरती रहो;
बिस्तर बिस्तर बिस्तरा
छाती से लगाओ, पिलाओ
खिलाती रहो, पोसती रहो
पोसती रहो, झेलती रहो।

खटती रहो, खटती रहो
मरती रहो, मरती रहो,
धोती रहो धुलाती रहो
सीती रहो सिलाती रहो;
बीनती रहो बिनाती रहो
छीलती रहो छीजती रहो।

खटती रहो, खटती रहो
मरती रहो, मरती रहो
कुढ़ती रहो, गलती रहो
खीझती रहो, पसीजती रहो;
दरकती रहो, मिटती रहो
पकती रहो औ' पकाती रहो।

(अनुवाद : प्रकाश भातम्ब्रेकर)

28 जानेवारी 1980

आजचा दिवस मला साजरा करूदे.

आज आर्. के. लक्ष्मणने लिहिली
आधुनिक भारताची सर्वश्रेष्ठ विद्रोही कविता
अर्धी रेषांत, अर्धी शब्दांत :
'नगरपालिकेने स्वच्छतेपोटी
कचऱ्याचे ढीग इथून हालवले
तर आम्ही भुकेने मरू.'

आजचा दिवस मला साजरा करूदे.

कचऱ्यातील अन्नांश उचलून
जिवंत राहाण्याचा हा हक्क
आपल्या घटनेत अंतर्भूत आहे का?
तसे नसल्यास,
सार्वजनिक वस्तूची चोरी केल्याबद्दल
आपले सरकार या लोकांवर
फिर्याद घालू शकेल की नाही?
—हे प्रश्न जाणकारांनी धसाला लावण्यापूर्वी

आजचा दिवस मला साजरा करूदे.

28 जनवरी 1980

आज का दिन मुझे मना लेने दो।

आज आर. के लक्ष्मण ने लिखी
आधुनिक भारत की सर्वश्रेष्ठ विद्रोही कविता
कुछ रेखाओं में, बाकी शब्दों में :
'नगर निगम ने सफ़ाई के तहत
कूढ़े के ढेर यदि हटवाये
तो हम भूख से मरेंगे।'

आज का दिन मुझे मना लेने दो।

कूड़े के ढेर में शेष अन्नांश चटकर
जिन्दा रहने का अधिकार
क्या हमारे संविधान में शामिल है?
यदि नहीं, तो
सार्वजनिक वस्तु की चोरी के अपराध में
हमारी सरकार क्या इन लोगों पर
मुकदमा दायर नहीं करेगी?
—इससे पहले कि विशेषज्ञ इसका कोई समाधान ढूँढ़ निकालें

आज का दिन मुझे मना लेने दो।

(अनुवाद: प्रकाश भातम्ब्रेकर)

तरुणपणी

तरुणपणी त्याने एकदा दर्यामध्ये
लघवी केली.

आणि आपले उर्वरित आयुष्य
त्यामुळे
दर्याची उंची किती वाढली
हे मोजण्यात खर्ची घातले.

जवानी में

जवानी में उसने एक बार समुद्र में
पेशाब की

और बाकी ज़िन्दगी
नतीजतन
समुद्री सतह की बढ़ी ऊँचाई
नापने में बिता दी।

(अनुवाद : प्रकाश भातम्ब्रेकर)

पाया

माझा आशावाद चारशे चाळीस पायांवर उभा आहे.
मित्रा, कसे ते ऐक.

अथेन्सने
सत्तरी उलटलेल्या सत्यशोधक सॉक्रेटिसवर
तरुणांना बिघडविल्याचा आरोप करून
ज्यूरीपुढे खेचले;
बहुमताने तो दोषी ठरला;
त्याला विषप्राशनाची शिक्षा झाली.
(ती त्याने कशी भोगली तो कथाभाग प्लेटोला
विचार; विषयांतर होईल.)

पण इथेच सगळे संपलेले नाही.

पाचशे एकच्या त्या ज्यूरीतील
दोनशे विसांनी त्याला निर्दोष ठरवले;
(कधी कधी त्यांना भेटावेसे वाटते; पण
हे विषयांतर झाले.)

माझा आशावाद
प्लेटोच्या दोन पायांवर उभा नसून
दोनशे वीस दुणे चारशे चाळीस पायांवर उभा आहे.

बुनियाद

मेरा आशावाद चार सौ चालीस पैरों पर खड़ा है
दोस्त, उसका गुर भी सुन लो।

एथेन्स ने
सत्तर पार के सत्यशोधक सुकरात पर
युवजनों को गुमराह करने का आरोप लगाकर
जूरी के सामने उसे पेश किया,
बहुमत से वह दोषी पाया गया,
उसे विषपान की सज़ा मिली,
(उसने सज़ा कैसे काटी, यह तो प्लेटो से पूछो;
विषयान्तर होगा।)

लेकिन मामला यहीं नहीं समाप्त हुआ

जूरी के पाँच सौ सदस्यों में से
दो सौ बीस ने उसे बेकसूर पाया
(उनसे मिलने की यदा-कदा इच्छा होती है; लेकिन
यह विषयान्तर हुआ।)

मेरा आशावाद
प्लेटो के दो पैरों पर नहीं,
दो सौ बीस दूनी चार सौ चालीस पैरों पर खड़ा है।

(अनुवाद : प्रकाश भातम्ब्रेकर)

खरा प्रकार

त्यांनी पदर ओढला, म्हणून तिने पातळ सोडले;
खरा प्रकार एवढाच झाला.

मी म्हणालो, 'ओढणारेच गुन्हेगार.'
तू म्हणालास, 'सोडणारीच गुन्हेगार.'
कुणी म्हणाले, 'अरे यार, मजा आला;
गुन्हा शोधणारेच गुन्हेगार.'

पहिला वकील, '1215 अ, 1950 ब, 1975 क्ष'
दुसरा वकील, '1215 ब, 1950 अ, 1975 ज्ञ'
पहिला जड्ज, 'गुन्हेगार हात ठरतो, माणूस नव्हे.'
दुसरा जड्ज, 'पदर कुठे संपतो आणि पातळ कुठे सुरू होते,
हे सांगणे कठीण आहे; वाऱ्याला विचारा.'

खरा प्रकार एवढाच झाला;
त्यांनी पदर ओढला, म्हणून तिने पातळ सोडले.

असलियत

उन्होंने पल्लू खींचा, तो उसने धोती खोल दी;
यक़ीनन इतना भर हुआ था।

मैंने कहा, 'खींचने वाले ही अपराधी हैं।'
तुमने कहा, 'बेशक, धोती खोलने वाली अपराधी है।
किसी ने कहा, 'अरे यार, मज़ा आ गया;
तहकीक़ात करनेवाले ही अपराधी हैं।

पहला वकील : '1215 क, 1950 ख, 1975 क्ष'
दूसरा वकील : '1215 ख, 1950 क, 1975 ज्ञ'
पहला जज : 'अपराधी तो हाथ हो सकता है, इन्सान नहीं।'
दूसरा जज : पल्लू की सीमा-रेखा क्या है और धोती कहाँ से शुरू
होती है, यह बता पाना मुश्किल है; पवन से पूछिए।'

यक़ीनन इतना भर हुआ था।
उन्होंने पल्लू खींचा, तो उसने धोती खोल दी।

(अनुवाद : प्रकाश भातम्ब्रेकर)

जबरदस्त

एक पांढरपेशा जबरदस्त कवी.
सौंदर्यशास्त्रज्ञही बचकून असायचे;
शब्दांत कचकून दम भरायचा;
सगळ्यांना संपवून आपण उरायचा;
भुईतून आलेले व्हायचे भुईसपाट;
'वाहव्वा,' 'बहोत खूप'; टाळ्यांचा कडकडाट.
सारांश :
रसिकच कळणारे (जळोत जळणारे).

विद्रोह स्पेशालिस्ट; मजुरांत मजुरांचा;
दलितांत दलितांचा; एरवी इतरांचा.
इथे भाबडा तर तिथे रोख;
तापलेले बघूनच ठोकाठोक;
मैत्रीला पक्का; हुकुमाचा एक्का;
व्यवहारपरायण, नरका नारायण;
धेंडेही खिशात, मग काय कमी,
तो असला की यशाची हमीं.
सारांश :
सौजन्यसराईत, रसिकांचा ताईत.

पण एकदा फड जिंकल्यावर
—तालुके झिंदाबाद, मुक्काम गोठले—
एका फाटक्याने त्याला गाठले;

ज़बरदस्त

एक सफ़ेदपोश ज़बरदस्त कवि।
सौन्दर्यशास्त्री भी लोहा मानते थे;
शब्दों में पुरज़ोर ताक़त भर देता;
सभी को चित्त कर खुद डटा रहता;
मिट्टी में से पनपे हुए मटियामेट;
'क्या बात है!', 'बहुत खूब!'; तालियों की अनुगूँज
सारांश :
रसिक समझदार (कुढ़ते रहें कुढ़नेवाले)

विद्रोह-विशेषज्ञ; श्रमिकों में श्रमिक है;
दलितों में दलित है; बाकी समय औरों का है।
यहाँ लल्लू तो वहाँ भालू;
तवा देखकर हो जाता चालू;
गाँठ का पक्का, तुरुप का इक्का;
व्यवहार परायण, नर में नारायण;
तुर्रमखाँ भी जेब में, और पाँचों उँगलियाँ घी में,
वो है तो फ़तह बेशक है।
सारांश :
सौजन्यबाज़, रसिकों का ताबीज़।

किन्तु एक बार फ़तह के बाद
तहसील ज़िन्दाबाद, मुकाम बरबाद—
एक फटीचर से पाला पड़ा;

म्हणाला, 'च्याऽऽऽयला
आम्ही फक्त मारच खायला;
आमचे दुःखही आमचे नाही;
त्याच्या पावतीवर तुमचीच सही!'

हे ऐकून जरासा दचकला;
पण कायमचाच नाही कचकला;
म्हणूनच जबरदस्त; स्वतःतच मस्त :
कारण प्रतिभेचाच वरदहस्त.
तोही अनुभव बांधलान गाठी;
लागला जिद्दीने त्याच्याच पाठी;
सारांश :
तशीही कविता लिहिलीन नवी!
एक पांढरपेशा जबरदस्त कवी.

कहा उसने, "...स्सालेऽऽ की
धुनाई सिर्फ़ अपुन की;
हमारी आहें भी अपनी नहीं
उसकी पावती पर तुम्हारी ही स्याही!'

सुनकर तनिक सहमा;
पर सदा के लिए नहीं नरमा;
इसीलिए ज़बरदस्त, अपने में ही मस्त;
क्योंकि प्रतिभा का है वरदहस्त।
यह अनुभव भी सँजोता रहा;
शिद्दत से पीछे पड़ा रहा;
सारांश :
फिर भी लिखी कविता नयी!
एक सफ़ेदपोश ज़बरदस्त कवि।

(अनुवाद : प्रकाश भातम्ब्रेकर)

देकार्तदर्शन

श्रेष्ठ तत्त्वज्ञांचे। सर्वमोठे गुण
येतात दिसून। देकार्तात:
ज्ञानलालसेत। रमणारे मन
सुखे अव्हेरून। शरीराची;
सतत दक्षता। भ्रमाच्यापासून
बुद्धीचे रक्षण। करणारी;
संशोधकवृत्ती। ज्ञान व विज्ञान
दोहोत संशोधन। करणारी,
निरलसपणे। व्यासंग अपार
करणारी ओर। कळकळ;
विनम्रता स्वत:ला। सतत शिकवीत
आणि सुधारीत। राहणारी
विचाराकरताच। जगण्याचा ध्यास
सोडून हव्यास। प्रसिद्धीचा
शहाणपणातच। शांतीचे निधान
शोधणारे मन। निष्ठावंत
देकार्तच्याहून। उदात्तजीवन
आढळणे कठीण। इहलोकी.

देकार्त दर्शन

श्रेष्ठ दार्शनिकों के। सारे बड़े गुण
देते हैं दिखाई। देकार्त में :
ज्ञान लालसा में। रमता हुआ मन
सुख त्याग कर। शरीर का;
सतत सावधानी। भ्रमों से
बुद्धि का रक्षण। करने वाली;
आविष्कारक वृत्ति। ज्ञान व विज्ञान
दोनों में आविष्कार। करने वाली,
चपलतापूर्ण। अध्ययन अपार
करने वाली महान। आस्था;
विनम्रता स्वयं को। सतत सिखाती
और सुधारती। रहने वाली।
विचारों के लिए ही। जीने की लगन
छोड़ हवस। ख्याति की।
समझदारी में ही। शान्ति का भंडार
खोजने वाले मन। निष्ठावान
देकार्त से बेहतर। उदात्त जीवन
मिलना मुश्किल। इहलोक में।

(अनुवाद : दामोदर खड़से)

चार्वाकदर्शन

चार्वाकप्रणीत। सुखवाद काही
अयोग्य ते नाही। सुचवीत.
सुखी होण्यासाठी। करावे काहीही
असे त्याने नाही। सांगितले.
सुखासाठी चौर्य। वा मद्यप्राशन
चार्वाक-दर्शन। सुचवी ना.
चार्वाक हिंसेचा। करितो धिक्कार
आणि शाकाहार। पुरस्कारी.
चार्वाक मानतो। मासांचे भक्षण
क्रौर्याचे लक्षण। अमानुष.
वेद वचनांत। अनेक व्याघात.
म्हणून वेदान्त। नसे सत्य.
वेद रचणारे। निशाचर, धूर्त;
असे होते मत। चार्वाकाचे.
अग्निहोत्र आणि। वेदांचे पठन
यज्ञात हवन। ठरे व्यर्थ.
पौरोहित्यावर। उपजीविका ज्यांची
निंद्रा असे त्यांची। त्याने केली.
बुद्धी व पौरुष। नसते त्यांच्यात
नसे त्यांना खंत। असत्याची.
स्वार्थी पुरोहित। फसविती मूर्खास
स्वार्गाचे आमीष। दाखवून.
प्रामाणिक तेच। करावे उद्योग

चार्वाक दर्शन

चार्वाक प्रणीत। सुखवाह तो
अयोग्य कुछ नहीं। सुझाता।
सुखी होने के लिए। करें कुछ भी
उसने ऐसा नहीं। बताया।
सुख के लिए चोरी। या मद्यपान
चार्वाक-दर्शन। सुझाता नहीं।
चार्वाक हिंसा का। करता है धिक्कार
और शाकाहार का। हिमायती।
चार्वाक मानता है। मांस का भक्षण—
क्रौर्य का लक्षण। अमानुष।
वेद वचनों में। अनेक व्याघात,
इसलिए वेदान्त। नहीं सत्य।
वेद रचने वाले। निशाचर, धूर्त;
ऐसा था मत। चार्वाक का।
अग्निहोत्र और। वेदों के पाठ
यज्ञ में हवन। होते व्यर्थ।
पौरोहित्य पर। उपजीविका जिनकी
ऐसी निन्दा उनकी। उसने की।
बुद्धि और पौरुष। न होते उनमें
नहीं उन्हें खेद। असत्य का।
स्वार्थी पुरोहित। फँसाते मूर्खों को
स्वर्ग का लालच। दिखाकर।
ईमानदार वही। करें कार्य

मिळविण्या भोग। माणसाने.
काव्य, नृत्य आणि। संगीत या कला
हव्या माणसाला। सुखासाठी.
राजकीय स्थैर्य। हेही आवश्यक
जीवन सुखकारक। होण्यासाठी.
इहलोकी असे। राजा हा ईश्वर,
जीवन सुखकर। करणारा.
नागड्या स्वार्थाचा। नसे पुरस्कार;
सुखवादी विचार। सांगताना.
चांगले, वाईट। यांच्यामध्ये भेद
करी सुखवाद। चार्वाकाचा.

सत्याचा स्वीकार। श्रद्धांचा अव्हेर,
हिंसेचा धिक्कार। करोनिया,
मानवी जीवन। करणे सुखमय
हेच एक ध्येय। मानणारे
मानवतावादी। उद्योगप्रवण,
असे हे दर्शन। चार्वाकाचे.

पाने हेतु भोग। मनुष्य।
काव्य, नृत्य और। संगीत या कला
चाहिए मनुष्य को। सुख के लिए।
राजनैतिक स्थिरता। यह भी आवश्यक
जीवन सुखकर। होने के लिए।
इहलोक में होता। राजा ही ईश्वर,
जीवन सुखकर। करने वाला।
नग्न स्वार्थ का। न होता समर्थन;
सुखवादी विचार। बताते समय।
अच्छे, बुरे के। बीच भेद
करता सुखवाद। चार्वाक का।

सत्य का स्वीकार। श्रद्धा का इनकार
हिंसा का धिक्कार, करके,
मानव जीवन। करना सुखमय
यही एक ध्येय। मानने वाले
मानवतावादी, कार्य-प्रवण
ऐसा है दर्शन। चार्वाक का।

(अनुवाद : दामोदर खड़से)

तुकोबाच्या भेटी। शेक्स्पीअर आला

तुकोबाच्या भेटी। शेक्स्पीअर आला;
तो झाला साहेळा। दुकानांत.
जाहली दोघांची। उराउरीभेट;
उरातलें थेट। उरांमध्यें.
तुका म्हणे, 'विल्या,। तुझें कर्मथोर,
अवघाची संसार। उभा केला''
शेक्स्पीअर म्हणे, 'एक तें राहिलें,
तुवा जें पाहिलें। विटेवरी.'
तुका म्हणे, 'बाबा, त्वां बरे केलें;
त्याने तडे गेले। संसाराला.
विठ्ठल अइलें। त्याची रीत न्यारी;
माझी पाटी कोरी। लिहोनीया.'
शेक्स्पीअर म्हणे। 'तुझ्या शब्दामुळें
मातींत खेळलें। शब्दातीत.'
तुका म्हणे, 'गड्या, वृथा शब्दपीट;
प्रत्येकाची वाट। वेगळाली.
वेगळिये वाटे। वेगळाले वाटे,
काट्यासंगें भेटे। तेंहीं तेंच.
....ऐक, ऐक वाजे। घंटा ही मंदिरी!
कणागीण घंरीं। वाट पाहे.'
दोघे निघोनीया। गेले दोन दिशां;
कवतिक आकाश। आवरेना.

तुकोबा से मिलने आया शेक्सपीयर

तुकोबा से मिलने। आया शेक्सपीयर;
उत्सव वह सम्पन्न। दूकान में।
दोनों की हुई। गलबाँही भेंट;
हृदयस्थ भाव। सीधे हिय में।
तुकोबा ने कहा, 'विल्या। तेरा कर्म महान
अखिल चराचर। किया साकार।'
'एक बाकी रहा'।—बोला शेक्सपीयर,
'तुमने जो देखा। खड़ा ईंट पर।'
तुकोबा ने कहा, 'बाबा,। तुमने किया ठीक—
उसी से तो हुई। गृहस्थी दों फाँक।
विट्ठल है पक्का। रीति उसकी न्यारी
लिख लिख कर भी। मेरी पट्टी कोरी।'
शेक्सपीयर ने कहा।—'शब्दों से तुम्हारे—
मिट्टी में खेला। शब्दातीत—'
तुकोबा ने कहा, 'मित्र,। वृथा शब्दजाल
हरेक की राह। भिन्न भिन्न।
भिन्न इन राहों पर। काँटे भी भिन्न।
काँटों से जो मिले। वह भी एकरस
...सुनो, सुनो बजता। घण्टा मन्दिर का।
झगड़ालू जोरू। बाट जोहे!'
दोनों जन खिसके। दो दिशाओं में
अचम्भा आसमान। रोक न पाये॥

(अनुवाद : चंद्रकांत बांदिवडेकर)

आटपाट नगरामध्यें

आटपाट नगरामध्यें
नाहीं होत चोरी;
हुशार मुलें काळीं; आणि
खुळीं मुलें गोरीं.

आटपाट नगरामध्यें
किती किती मजा!
प्रधान भरतो पाणी; आणि
रस्ते झाडतो राजा.

आटपाट नगरामध्यें
नाहीं चालत नाणीं;
एक शेर गुळासाठीं
दहा-बारा गाणीं!

आटपाट नगरामध्यें
सुटी नाहीं, बाळा,
सांग कशी सुटी असेल,
जर नाहीं शाळा?

आड़े चौड़े नगर में

आड़े चौड़े नगर में
होती नहीं कभी चोरी,
चतुर बच्चे काले, और
पगली बच्चियाँ गोरी।

आड़े चौड़े नगर में
कितना रहता मज़ा,
प्रधान भरता पानी और
रास्ता बुहारे राजा!

आड़े चौड़े नगर में
चलते नहीं सिक्के,
एक सेर गुड़ के
बारह गाने पक्के!

आड़े चौड़े नगर में
होती नहीं छुट्टी,
शाला नहीं होगी तो
होगी कैसे छुट्टी?

(अनुवाद : चंद्रकांत बांदिवडेकर)

परी ग परी

‘परी ग परी
कोण तुझ्या घरीं?’
‘मनी मांजरी स्वैपाक करी’

‘परी ग परी
कोण तुझ्या घरीं?’
‘उंदीर खातो श्रीखंड-पुरी.’

‘परी ग परी
कोण तुझ्या घरीं?’
‘पोपट म्हणतो, ‘हरी, हरी.’

‘परी ग परी
येऊ का घरीं?’
‘दारांत विंचू पहारा करी!’

परी रानी परी रानी

'परी रानी परी रानी
कौन है तेरे घर?'
'बिल्ली बाई, करे रसोई'

'परी रानी परी रानी
कौन है तेरे घर?'
'चूहा खाए हलुवा पूड़ी'

'परी रानी परी रानी
कौन है तेरे घर?'
'तोता कहे हरि हर'

'परी रानी परी रानी
आऊँ क्या तेरे घर?'
'द्वारे बिच्छू करे पहर!'

(अनुवाद : चंद्रकांत बांदिवडेकर)

भीमाचें जेवण

बकासुर ओरडला,
'अलल् डुर्र';
भीमानें मारला
भुरका...'भुर्र'

बकासुरानें
मारली थप्पड
भीम म्हणाला,
'लोणचें फक्कड!'

बकासुरानें
हाणला ठोसा;
भीम म्हणाला,
'इडली-दोसा.'

बकासुरानें
बुकलली मान;
भीम म्हणाला,
'चटणी छान!'

बकासुरानें
हाणली ठोकर;
भीमानें दिली
एक ढेकर!

भीम भोजन

चीखा बकासुर
'अलल् डुर्र'
भीम ने सुड़का
'भुर्र...भुर्र'

बकासुर ने मारी
भीम को थप्पड़
भीम बोला,
'अचार फक्कड़।'

बकासुर ने मारा
जोरदार घूँसा
भीम बोला,
'इडली-दोसा'

बकासुर ने झटका
भीम का गला
भीम बोला,
'रायता भला'

बकासुर ने किया
जोरदार प्रहार
भीम ने ली
लम्बी डकार!

बकासुरानें
मारली गदा;
भीम हसला
खदा खदा!

बकासुराला
घाम फुटला;
तेव्हां भीम
जेवून उठला.

बकासुर ने मारी
जोर से गदा
भीम हँसा
ठठा ठठा

बकासुर हुआ
पसीने से तर
भीम उठा
भोजनोत्तर।

(अनुवाद: चंद्रकांत बांदिवडेकर)

आजी

कोकणांतली आजी
घाटावर आली;
कृष्णेच्या पुरांत
वाहून गेली!

वाहतां वाहतां
म्हातारी हसली
मळींतलीं वांगीं
डोळ्यांना दिसलीं.

म्हातारी लागली
हालवायला पाय,
म्हणाली, 'हीं खाल्ल्याशिवाय
मरतें कीं काय?'

दादी

कोंकण वाली दादी
घाट पर आयी
कृष्णा की बाढ़ में
बह कर गयी।

बहते बहते
बुढ़िया हँसी
खेल के बैंगन
आँखों में बसे!

बुढ़िया लगी
हिलाने पैर
बोली, 'बिना इनको खाये
मरूँगी कैसे?'

(अनुवाद : चंद्रकांत बांदिवडेकर)

आजोबांचा कोट

आजीच्या बोचक्यांत
आजोबांचा कोट;
केवढी ही छाती!
केवढें हें पोट!

आजोबांच्या कोटाला
मानेवरतीं ठिगळ,
पितळेचीं बटणें
सगळींच डगळ.

आजोबांच्या कोटाला
तंबाखूचा वास.
आजीच्या डोळ्यांना
त्याचा होतो त्रास!

दादाजी का कोट

दादी की गठरी में
दादाजी का कोट;
कितनी बड़ी छाती
कितना बड़ा पेट!

दादाजी के कोट के
गर्दन पर थिगली
पीतल की घुंडियाँ
सबकी सब ढीली

दादाजी के कोट में
तमाखू की बास
दादी की आँखों को
उसका है भास!

(अनुवाद : चंद्रकांत बांदिवडेकर)

दवाखाना

गाढव म्हणालें,
'कान लांब.'
कुत्रा म्हणाला,
'शेपूट वाकडी.'

डॉक्टर म्हणाला
'सांगतों उपाय :
रोज रात्रीं
खा काकडी!'

उंट म्हणाला,
'आलें कुबड़'
हत्ती म्हणाला,
'वाढलें वजन.'

डॉक्टर म्हणाला,
'सांगतों उपाय :
रोज करा
शीर्षासन.'

दवाखाना

गधे ने कहा,
'कान लम्बे'
कुत्ता बोला,
'पूछ टेढ़ी'

डाक्टर बोले,
'बता दूँ उपाय :
रोज रात को
खाओ ककड़ी।'

ऊँट बोला,
'निकला कूबड़'
हाथी बोला,
'बढ़ा वज़न'

डॉक्टर बोले,
'बताऊँ उपाय :
रोज़ करो
शीर्षासन।'

(अनुवाद : चंद्रकांत बांदिवडेकर)

एटू लोकांचा देश : नैसर्गिक रचना

तिबेटाच्या
जरा खाली
हिमालयाच्या
जरा वर
एटू लोकांचा
अद्भुत देश :
प्रत्येकाजवळ
उडतें घर!
'टिंग' म्हणता
येते खाली
'टुंग' म्हणतां
जातें वर!'

एटू लोगों का देश : प्राकृतिक रचना

तिब्बत के
ज़रा नीचे
हिमालय के
ज़रा ऊपर
एटू लोगों का
अद्‌भुत देश!
हरेक के पास
उड़ने वाला घर!!
'टिंग' कहते ही
आता नीचे
'टुंग' कहते ही
जाता ऊपर!

(अनुवाद : चंद्रकांत बांदिवडेकर)

एटू लोकांचा देश : पोशाख

एटू असतात
गोरे, गोरे;
एटू असतात
छोटे, छोटे;
पण पुरुषाच्या
पाठीमागे
शेपूट असतें
फार मोठें;
तेंच फिरवून
डोक्यावरती
एटू बांधतात
छान फेटे!

एटू लोगों का देश : पोशाक

एटू होते हैं
गोरे, गोरे;
एटू होते हैं
छोटे, छोटे
लेकिन पुरुषों के
पीठ पीछे
पूँछ होती है
बहुत बड़ी
घुमाकर उसको
सिर पर
एटू बाँधते हैं
सुन्दर फेंटे!

(अनुवाद : चंद्रकांत बांदिवडेकर)

एटू लोकांचा देश : नद्या

एटूंच्या देशात
नद्या तीन :
शानी, मानी
आणि दीन.

शानीमध्यें
करतात स्नान,
मानीमधलें
पितात पाणी;

दीनेमधल्या
होडींत बसून
एटू म्हणतात
पऱ्यांचीं गाणीं.

जर चुकली
चाल थोडी
पाण्यामध्यें
बुडते होडी!

एटू लोगों का देश : नदियाँ

एटुओं के देश में
नदियाँ तीन
शानी, मानी
और दीन

शानी में
करते स्नान
मानी का
करते हैं पान

दीन में बहते
नाव में आन
एटू गाते हैं
परियों के गान

अगर चूके
तर्ज़ थोड़ी
पानी में डूबे
नाव बड़ी!

(अनुवाद : चंद्रकांत बांदिवडेकर)

एटू लोकांचा देश : राजकारण

ज्यांचे दात
असतात चक्क
त्यांनाच मताचा
मिळतो हक्क.

जो वाजवतो
मोठ्याने बाजा
त्यालाच शेवटी
निवडतात राजा.

आणि जी पिते
नाकाने पाणी
तिलाच निवडतात
राजाची राणी.

तरीहि एटूंचे
आहेत पक्ष :
तीन कोटी
सत्तर लक्ष!

एटू लोगों का देश : राजनीति

जिनके होते हैं
दाँत चकाचक
उन्हीं को मिलता है
वोट का हक

जो बजाता है
जोर से बाजा
उसी को चुनते हैं
आखिर राजा

और जो पीती है
नाक से पानी
उसी को चुनते हैं
राजा की रानी

फिर भी एटुओं के
होने हैं पक्ष
तीन करोड़
सत्तर लक्ष!

(अनुवाद : चंद्रकांत बांदिवडेकर)

एटू लोकांचा देश : वांङ्मय

जर कोणीं
कविता केली,
प्रथम पुरतात
जमिनीखाली.

पण जुनीशी
झाल्यानंतर
शहाणे करतात
जंतर-मंतर!

मग कवितेंतून
रुजतो वृक्ष;
फुलें येतात
नऊ लक्ष!

एटू लोगों का देश : वाङ्मय

अगर कोई
कविता लिखे
पहले गाड़ते हैं
जमीन के नीचे।

फिर पुरानी
बन जाने पर
सयाने करते हैं
जन्तर मन्तर।

फिर कविता में से
उग आता है वृक्ष,
आते हैं फूल
नौ नौ लक्ष!

(अनुवाद : चंद्रकांत बांदिवडेकर)

परी आणि दगड

परीचा पडला
दगडावर पाय;
दगड म्हणाला,
'आय्, आय्.'

परी म्हणाली,
'तू तर दगड!
तुला का होते
परी जड?'

दगड म्हणाला,
'इथे पहा.'
परीला दिसल्या
जखमा दहा.

तेव्हापासून
सगळया परी
चालू लागल्या
अंधांतरी.

परी और पत्थर

पत्थर पर पड़ा
परी का पैर
पत्थर बोला,
'हाय, हाय!'

'तुम तो पत्थर'
—बोली परी
'तुम्हें कैसे
भाटी परी?'

पत्थर बोला,
'देख यहाँ'
परी ने देखे
दस घाव वहाँ

उस क्षण से
परियाँ सब
चलने लगीं
बीच नभ।

(अनुवाद : चंद्रकांत बांदिवडेकर)

विंदा करंदीकर : सत्यान्वेषी सृजनशीलता का साक्ष्य

❑ मंगेश पाडगाँवकर

विंदा करंदीकर के 'स्वेदगंगा', 'मृद्गन्ध', 'जातक', 'धृपद' और 'निरूपिका' इन पाँच कविता-संग्रहों की चुनिन्दा कविताओं के अलावा विरूपिका के बाद लिखी गयी गज़लें, अभंग, बाल कविताएँ इत्यादि से कुल मिला कर 117 कविताओं को सम्पादकों ने इस संकलन में शामिल किया है। इस पूरी चयन-प्रक्रिया में इस बात का पूरा ध्यान रखा गया है कि इन कविताओं के माध्यम से करंदीकर की रचनाधर्मिता का सम्यक् आकलन हो। ये कविताएँ 1937 से 1981 के दौरान लिखी गयीं। उनकी कविता शैलीगत तथा अनुभवगत कई मोड़ों से गुजरी है। विविधरूपी अनुभवों की सार्थक अभिव्यक्ति के दौर में कई तरह के शब्द-प्रयोग करंदीकर को करने पड़े। किसी भी सार्थक लेखन से व्यक्त होने वाली प्रयोग धर्मिता 'ध्यान दीजिए, अब मैं एक नया प्रयोग कर रहा हूँ...' मार्का कतई नहीं होती। अपने अनुभवों की यथार्थता, उत्कटता एवं अनूठेपन के अहसास के बाद उसकी कलात्मक अभिव्यक्ति के प्रयास के दौर में की गयी अनिवार्य जुस्तजू होती है वह। अट्टहास कदापि नहीं। इन्हीं प्रयासों के क्रम में करंदीकर पूर्व प्रचलित रास्तों पर चलना नहीं चाहते। औचित्य के पारम्परिक शिष्टसंमत संकेतों को धता दिखाकर वे अपने अनुभवों की उत्कटता का पूरी ईमानदारी से निर्वाह करनेवाले आन्तरिक औचित्य को तलाशने की कोशिश करते हैं।

उफनती हुई नदी अपने कोर-किनारों का लिहाज़ नहीं करती। इसी प्रकार का ठेठ खालिस चैतन्य, जीवटता एवं जिजीविषा ही तो करंदीकर के व्यक्तित्व की विशेषता है। स्वभावगत इसी विशेषता के चलते करंदीकर ने अपनी कविता को किसी विशिष्ट साँचे-ढाँचे में बंदिस्त नहीं होने दिया। उनकी कविता पूरी शिद्दत के साथ ज़िन्दगी के रू-ब-रू खड़ी होती है। वह जीवन की हर चुनौती से अनायास मुख़ातिब होती है। ज़ाहिर है कि इस रास्ते से गुज़रते हुए वह भाषा, स्वरूप आदि की सीमाएँ लाँघकर अभिव्यक्त होना जानती है।

आधुनिक मराठी कविता के विशिष्ट दायरे में सिमटे होने की गुहार जब लग

रही हो तो करंदीकर के स्वीकारशील व्यक्तित्व की महत्ता और अधिक तीव्रता से महसूस होने लगती है। जीवन विषयक जीवन्त पहेली और कुतूहल से वे काव्य की प्रेरणा ग्रहण करते हैं। किसी भी अनुभव अथवा काव्य प्रकार के विशुद्ध कलात्मक या अ-कलात्मक होने की दुहाई देना उन्हें कदापि रास नहीं आता। बड़ी ईमानदारी से इन्हीं कलात्मक प्रतिष्ठा के बन्धनों को दृढ़तापूर्वक तोड़ने की स्वीकारशीलता ही करंदीकर के बाग़ीपन को रेखांकित करती है।

अनुभवों की उत्कटता तथा कलात्मक रचना के सौन्दर्य तत्त्व की एकात्मता ही सृजन के मूल में होती है और करंदीकर की प्रत्येक कविता में व्याप्त यह अहसास ही तो उनकी 'प्रस्तर फोड़ लेता है अपनी आँखों को' नामक प्रतीकात्मक कविता में उभर कर सामने आता है। करन्दीकर की काव्य विषयक संवेदना के सन्दर्भ में उनकी इस कविता को एक अलग दृष्टि से आँका जा सकता है। यहाँ प्रस्तर अनुभवों की उत्कटता का प्रतीक है और लहरें सुन्दरता का। यदि इन दो तत्त्वों का समुचित मेल न हो तो सर्जनहीनता ही देखी जा सकती है। इन तत्त्वों के द्वैत भाव को मिटाकर उनमें समुचित तालमेल कायम करना ही तो कवि-प्रतिभा है। इसी के माध्यम से प्रतिभा अपने निर्मित मूल्य की थाह पाती है। पाषाणखण्ड (चट्टान) विस्तीर्ण है और ठोस-पुख्ता भी। लेकिन तभी तक जब तक लहरों की ललकार से वह बचा हुआ है। तभी तक वह छीजन-मुक्त, ठोस रह पाता है। यानि कि अनुभवों की उत्कटता कितनी ही तीव्रतर क्यों न हो , उनकी अभिव्यक्ति में कलात्मकता न हो तो वे निर्मिति नहीं कहे जा सकते। उसे हम कलाकृति नहीं कह सकेंगे। प्रस्तर को भी कहीं न कहीं अपनी इस सीमा का अहसास है इसीलिए वह 'अर्थ के भीतरी व्यर्थ' को देख सकता है।

खालिस जिजीविषा के अलावा करंदीकर की कविता में चिन्तनशीलता का तीव्र अहसास अनिवार्यतया होता है। किसी भी सार्थक कविता से प्राप्त होनेवाला अनुभव यानि विचार, भावना, संवेदना, शिल्पगत सुघड़ता आदि का समेकित आविष्कार होता है। इन घटक-तत्त्वों का विघटन साँचाबद्ध पद्धति से कर कविता-निर्मिति की पहेली सुलझाना सहज-सम्भव तो होता है किन्तु हक़ीक़त में कविता का समेकित आस्वाद लेते समय हम इन घटक-तत्त्वों के जोड़-औसत की कवायद नहीं करते। विश्लेषण की दिशा में आगे बढ़ते हुए कविता को आत्मसात करने के दौर में हाशिये की इस लकीर पर अवश्य ग़ौर करना चाहिए। कविता के ये घटक फार्मूलाबद्ध रूप में शामिल नहीं होते। बल्कि अनुभवों की प्रकृति के अनुसार उनके अनुपात में न्यूनाधिकता हो सकती है। करंदीकर की कविताओं के समेकित प्रभाव में उनकी चिन्तनशीलता का अतिरिक्त अहसास होता है। इससे तात्पर्य यह नहीं कि उनकी प्रत्येक कविता में कोई विचार अनिवार्यता होता ही है। शायद जीवन के स्वरूप को लेकर विभिन्न स्तरों पर करंदीकर को कई प्रश्नों ने झकझोरा हो। शायद यह अतिरिक्त चिन्तनशीलता ही उन्हें

प्रतीकात्मक, रूपात्मक रचना-बन्ध की ओर अनायास ले जाती है। सम्भव है, कि इसी वजह से कई काव्य प्रेमियों को वह दुर्बोध भी लगती है। किन्तु साथ ही विज्ञान, समाज, धार्मिक-आध्यात्मिक विचारों का रहस्यमय मानवीय संचित कर्म आदि के परिप्रेक्ष्य में थाह पाने का प्रयास करनेवाला प्रगल्भ सोच भी इन कविताओं से बराबर झाँकता है। तुकाराम से लेकर कन्फ्यूशियस तक, अश्वघोष से लेकर कार्ल मार्क्स तक, दामाजी आख्यान से लेकर क्वांटम थ्योरी तक कई तरह के दर्शन और संस्कारों को हज़म कर यह चिन्तनशीलता करंदीकर की कविताओं के माध्यम से शब्दबद्ध हुई है।

सत्यान्वेषण की ओर उत्कट रुझान करंदीकर की प्रतिभा का स्थायीभाव होने के कारण जीवन विषयक उनकी मान्यताएँ उनकी समाजिक-राजनीतिक विचारधाराओं या निष्ठाओं के दायरे में कदापि सिमटी नहीं रहतीं। उनकी कविता में व्याप्त चिन्तनशीलता की यह एक उल्लेखनीय विशेषता है। नित नये सत्य के साक्षात्कार के रू-ब-रू वे हठात् अपने नये पुराने जीवन मूल्यों की यथार्थता को जाँचते-परखते हैं। अपनी दृढ़ मान्यताओं का भी यदा कदा विरोध करते हैं। दबे-कुचले तबके की 'मुक्ति की एक और जुंबिश है'...जैसी ललकार उनकी कई कविताओं के ज़रिए व्यक्त हुई है।

उनकी 'मेरे मन पत्थर बन' कविता में साम्यवादी शक्तिमान घुड़सवार की दौड़ में 'लाल धूल उड़ रही आज' की आहट आती है। उसके हाथ में शस्त्र है। अन्याय सहन करते-करते जड़-पत्थर बने लोगों की सान पर वह घुड़सवार अपने शस्त्र की धार तेज करेगा—इस तरह की कृतार्थ आशा वे व्यक्त करते हैं। अन्याय से डटकर मुकाबला करने के लिए *पाषाणी मुख में दमके इस्पाती जिह्वा और लार में घुले हलाहल* की दुहाई वे देते हैं। सामाजिक, राजनीतिक क्रान्ति के लिए युद्ध और हिंसा का कोई विकल्प नहीं हो सकता—यह उनकी धारणा है। इसीलिए ऐसे उत्पाती दौर में करंदीकर भावुक नहीं होते। लेकिन इसी के साथ यह भी सच है कि युद्ध और संहार के प्रति तीव्र घृणा भी उनकी कविता में दिखाई देती है। इस विरोधाभास को आप वैचारिक विसंवाद कह सकते हैं। इसे हिंसा का समर्थन करने वाली अपनी ही भूमिका के साथ गद्दारी करार दिया जा सकता है; 'बूर्ज्वा' लगने की सीमा तक कारुण्य का एवं भावुकता इसमें निहित है। किन्तु इस विरोधाभास, विसंवाद को करंदीकर स्वीकार करते हैं और 'नेहरू 1962', 'हिमालय जितनी माटी के ढेर पर', जैसी उम्दा और प्रभावी कविताएँ भी लिख सकते हैं। इससे यह साफ जाहिर होता है कि करंदीकर वैचारिक बॅराकीकरण के शिकार नहीं हुए हैं। इस तरह का बॅराकीकरण राजनीतिक निष्ठाओं के कट्टर पक्षधर व्यक्तियों के मामले में स्पष्टता देखा जा सकता है। लेकिन करंदीकर इसके चंगुल से बच सके, क्योंकि आम आदमी ही उनकी चिन्तनशीलता के केन्द्र में है। गीता पढ़ने पर यही तथ्य उनकी जेहन में उतरता है कि खबरदार, जो हाथ में शस्त्र थामा! करंदीकर की कशिश इसीलिए है। 'मुझे अब भी जीना है' या निरभ्र आकाश

में पिकासो के कबूतर उड़ते हुए देखने के लिए करंदीकर की चिन्तनशीलता का असली केन्द्र यही तो है, न कि साँचे में ढली कोई राजनीतिक विचारधारा।

सत्यान्वेषण के दौर में अपने विचारानुभवों का पुनःपरीक्षण करते हुए वे दक्षिण पन्थी और वामपन्थी—दोनों के प्रति मोहभंग की स्थिति का इज़हार करते हैं। इस दृष्टि से उनकी कविता 'पथ-प्रदर्शक' पर ग़ौर किया जा सकता है। वामपन्थीय रुझान के कारण ऐतिहासिक प्रक्रिया में उसकी अनिवार्यता की दुहाई देनेवाले करंदीकर दक्षिणपन्थियों को अपना लक्ष्य बनाएँ तो जायज़ है किन्तु 'पथ प्रदर्शक' कविता में उन्होंने वामपन्थियों की भी बखिया उधेड़ दी है। बायीं ओर रुखसार होने के बावजूद वे पाते हैं कि ऊँच-नीच का भेदभाव खत्म नहीं हुआ है, खाल ओढ़े रहने की अफसरशाही नीति में कोई परिवर्तन नहीं आया है, विज्ञान अभी भी युद्ध-शरण नहीं बना है। इस प्रकार दाएँ, बाएँ—दोनों ओर कवि के हाथ निराशा ही लगती है। पहले तो नाक काट लो और फिर नाक की सीध में चलते रहो—आम आदमी की यह निराशा उन्हें झकझोरती है। 'यह जनता अमर है' कविता में अमरीकी पूँजीवाद को वे 'पाताल लोक का बैताल' करार देते हैं।'दन्तकथा' (आख्यायिका) नामक उनकी कविता में एक एकाक्ष अमरीकी धन कुबेर साल भर अपनी कारें और बदन के रोएँ गिनता रहा किन्तु अभी तक उसे पता ही नहीं चला कि दोनों में से किस की संख्या अधिक है। इसी कविता के एक हिस्से में वे कहते हैं कि—

सुनते हैं कि रूस में एक विशाल जेल है
जिसमें सींखचे ही नहीं हैं। और वहाँ के कैदियों ने...
सरकार को अर्जी दी है कि हमारे कक्ष में सींखचे लगवाओ।'

इस प्रकार रूस को वे तरजीह भी देते हैं। इसी से उनकी बेवाक, बेलाग वृत्ति और दूध का दूध और पानी का पानी' नीति दृष्टिगोचर होती है। उनकी निष्ठा सत्यान्वेषण को समर्पित है। इसीलिए निष्ठाओं की मिट्टी के बर्तन को यूँ ही तोड़-फोड़ कर देहान्त की यात्रा पर चल पड़ने की खुद्दारी उनकी कविता में है। गधा और विदूषक की बाकायदा पूजा करने के बाद भी उनकी 'पगली' (कविता की एक पात्र) किसी को भी पहचान नहीं पाती। इस अभिव्यक्ति में ही करंदीकर का प्रतिभा-धर्म निहित है।

निष्ठा, दर्शन, मान्यताओं के दायरों को सतत लाँघते हुए, उनकी ओर से मुँह फेर कर दृढ़ता के साथ चलते रहना अत्यन्त कष्टप्रद होता है। करंदीकर इस हक़ीक़त से वाक़िफ़ हैं। इसीलिए सत्यान्वेषण, आत्मप्रत्यय की अपनी टोह में तनिक सहमापन, भयकारिता का तीव्र अहसास करंदीकर को अवश्य होता है, जो उन्हें विरूपता के किनारे ला छोड़ता है। वे जानते हैं कि सत्यान्वेषण की परम्परा से हटकर एक अनोखी राह पर, रेतीले मैदान से होते हुए भी उन्हें जाना पड़ सकता है। इसकी प्रदीप्ति उनकी

'उँट' नामक कविता को पढ़ते हुए होती है।

ऊँट की तपस्या इतनी कड़ी है। परम्परागत दर्शन में नीला पिरामिड कभी हो ही नहीं सकता, पर ऊँट को वह दिखाई देता है। तथापि सुख-सुविधा, धर्माचरण के रास्ते आगे न बढ़ने का निश्चय भी वह करता है।

सत्यान्वेषण के उनके उपर्युक्त तरीकों के अलावा उसके तीन और घटक भी सामने आते हैं : (1) सत्य दर्शन के लिए नीति-अनीति की सांकेतिक मान्यताओं का त्याग, (2) सत्यान्वेषण के दौरान ज़िन्दगी में व्याप्त विसंगतियों का होनेवाला अहसास—जो खालिस एकाकीपन की ओर ले जाता है, और (3) तर्क से परे मौजूद सत्य, आत्मतत्त्व की थाह पाने की मानवीय कशिश।

आमतौर पर सन्त-महात्माओं की सीख तथा त्यागी एवं सत्यशील व्यक्तियों द्वारा संकेतित मान्यताओं को ही हम सत्य मानकर चलते हैं। तदनुसार होनेवाले सत्य दर्शन को तो करन्दीकर मानते हैं, जिन्होंने सत्य की राह दिखा दी ऐसे सभी प्रज्ञावान, महात्माओं का ऋण भी वे स्वीकार करते हैं; किन्तु साथ ही 'कमीनों की पलटन' में भी सत्य हो सकता है इस बात की ओर ध्यान दिलाने में भी वे नहीं चूकते। सांकेतिक दर्शन की अवधारणा की विरोधी भूमिका होने के बावजूद वे अपने निरीक्षणों को पूरी शिद्दत के साथ दर्ज करते हैं। सामाजिक-राजनीतिक जीवन की वास्तविकता के मुखातिब होने के दौरान कई मौकों पर उनके इस यथार्थ से साक्षात्कार हो जाता है। हिंसाचार, अत्याचार, दुराचार आतंकवाद, निपट स्वार्थ आदि सभी कु-प्रवृत्तियों के बावजूद वे मानते हैं कि उन्हें अंजाम देनेवाले इन्सान भी अपने साथ सत्यांश लेकर आते हैं। नीचता के आवरण को हटाकर उसके नीचे छुपे सत्य को ढूँढ़ निकालना आवश्यक होता है। करंदीकर की 'यथार्थ सूक्त' नामक कविता उनके इसी सोच का इजहार करती है।

सत्यान्वेषण के दौरान ज़िन्दगी की विसंगतियों पर उँगली रखते हुए ऐसा लगता है कि उनका यह जोड़-तोड़ खोखला है, व्यर्थ है। विसंगतियों की तीव्रता को देखते हुए किसी की भी धारणा यही हो सकती है। तथापि सत्य सम्बन्धी अपने पूर्वानुभवों से तार्किक ईमानदारी का निर्वाह करने की आड़ में वे विसंगतियों की ओर से मुँह नहीं फेर लेते, बल्कि उनसे डटकर मुक़ाबला करते हुए उनमें गहरी छुपी अच्छाइयों को उजागर करने का वे प्रयास करते हैं।

अतीन्द्रीय अनुभवों तथा आत्मतत्त्व से साक्षात्कार की ओर उनके झुकाव का अहसास होने लगे तो इहवादी भूमिका सम्बन्धी उनका कोई भी विपरीत सवाल हमारे दिमाग में नहीं उठता। न ही उसका कोई औचित्य भी हमें दिखाई पड़ता है। आत्मतत्त्व की चाहत का इजहार करनेवाली उनकी कविताओं में नीलापक्षी, बटोही पंछी, सफेद कबूतर की वही गुटरगूँ, परछाईयाँ, आज प्रार्थना प्राणों के बराबर, आदि प्रमुख हैं। बुद्धिवादी भूमिका की दुहाई देनेवाले करंदीकर के भीतर का चिन्तक यह उजाकर

करता है कि उनका आध्यात्मिक आकर्षण निरर्थक है, उसका अस्तित्व भ्रममूलक है। उनकी 'नीला पंक्षी' कविता पढ़ते हुए यह साफ हो जाता है। यहाँ नीलापंछी अतीन्द्रिय अनुभवों का प्रतीक है। तर्क की गुलेल से उन्होंने नीले पंछी पर निशाना साधा है। तथापि तर्कातीत अनुभवों के आकर्षण से करंदीकर मुक्त नहीं हो पाये हैं और अपनी इस पराजय को वे खुलेआम स्वीकार भी करते हैं। उनकी बुद्धिनिष्ठा इस कदर डटकर खड़ी है, मानो जड़ें जमाकर कोई वृक्ष खड़ा हो किन्तु नीला पंछी इस वृक्ष की डाली पर बैठा नहीं कि वृक्ष लड़खड़ाने लगता है। अनन्तता के नीले स्पर्श से ही तना मानो गश खाने लगता है। इसी विचलन के दौरान बुद्धिवादी करंदीकर तर्क की सीमा रेखा की ओर इशारा करते हैं, आत्मतत्त्व की इस तर्कातीत अनुभूति को अभिव्यक्ति प्रदान करने के लिए कभी नीला पंक्षी, तो कभी सफेद कबूतर की गुटरगूँ, कभी बटोही पंक्षी, आज पार्थना प्राणोपरि आदि कविताओं में वर्णित मुक्ताकाश में कुलाँचे भरते पंक्षी...ऐसा लगता है मानो अपार्थिव अनुभव और विहरते पक्षी—इनके बीच के भावनात्मक साहचर्य को करंदीकर ने मन-ही-मन महसूस किया है। ये पक्षी प्रतीक रूप भले ही हों किन्तु कविता में उनके प्रत्यक्षीकरण में पुनरावर्तन या दुहराव नहीं दिखाई नहीं देता। क्योंकि सम्बन्धित कविता के सन्दर्भ में यह पंक्षी अलग-अलग रूपों में व्यक्त होता है तथा अनोखे प्रत्यय का अहसास कराता है।

करंदीकर की आध्यात्मिक मान्यताओं के विवरण के बाद उनकी इहवादी भूमिका को आँकना भी उतना ही आवश्यक है। इहवादी भूमिका के अनुभवों के आर्त क्षणों में यदा-कदा वे किसी सहारे को तलाशते हैं। इन्द्रियनिष्ठ अनुभव ही उनकी इस इहवादी भूमिका के केन्द्र में हैं। उनकी इस भूमिका में प्रकृति से सान्निध्य के बरक्स प्रसून-रंग-गन्ध आदि संवेदनाएँ, लैंगिक अनुभव, अन्य कई तरह के भौतिक सुख का अन्तर्भाव देखा जा सकता है। ये इन्द्रियनिष्ठ अनुभव ही इन्सान को ज़िन्दगी से—ज़िन्दगी की गुज़र-बसर से जोड़ते हैं, बाँधे रखते हैं। 'अध्यात्म' शब्द सुनते ही शारीरिक सुखों का त्याग, वासना यानी पाप आदि धारणाएँ परम्परागत संस्कारों के कारण फौरन मन में जाग जाती हैं। जाने-अनजाने हम यह मानकर ही चलते हैं कि अध्यात्म और शरीर-सुख में तालमेल हठात् नहीं हो सकता। इन्द्रियनिष्ठ अनुभव तथा आध्यात्मिक अनुभव—इनके बीच में दीवार खड़ी करने की जरूरत नहीं, यह करंदीकर की इहवादी भूमिका का एक घटक है।

शारीरिक अनुभवों से गुजरते हुए जीने की प्रेरणा से ईमान बरतनेवाली यही प्रक्रिया करंदीकर की त्रिवेणी नामक प्रदीर्घ प्रेमकविता में दिखाई देती है। महत्त्वाकांक्षा को पालते हुए जिन्दगी से समझौते करनेवाला, आत्मवंचना के दृष्टि विहीन 'डिठार मोरपंख' बाँधकर दुनिया के सामने नाचनेवाला...नायक जिसका दिन शुरू होता है कलौंच भरी स्याही से! कविता की नायिका भी किस्मत की मारी है। श्लथ-विश्लथ

भी है। खुद नायक ही प्रतिशोध के सन्तोष से वर्णन करता है—

'गुप्त तसल्ली हुई / तुम्हारी रीढ़ को भुस होते हुए देखा!
पंखों को तोड़ देने के बाद बचे परों ने
जो छटपटाहट की— मैंने उसे देखा'

इस तरह की आहत नायिका और यह नायक मात्र शारीर सुख के आकर्षण से समीप आते हैं, सृजन के आदि रहस्य को प्राप्त करने के अंदाज में विलक्षण उत्कट अनुभव को जीते हैं—इस तरह का चित्रण कविता के आठवें सर्ग में करन्दीकर ने किया है। मानसिक तौर पर ध्वस्त-पस्त होने के बावजूद शारीरिक अन्तरंग अनुभवों के बूते पर जिन्दा रहने की मूलभूत प्रेरणा का ईमान बरतते हैं। 'अमर है वह जानता' कविता भी ठीक इसी तरह के भावों को उजाकर करती है। फर्क है तो केवल निराशा के अनुभवों के परिवेश का। निराशा और जीजीविषा के बीच की कशमकश पर गौर करना भी उतना ही महत्त्वपूर्ण है, जो एक विशिष्ट तरह से व्यक्त होती है।

सामाजिक, राजनीतिक सरोकारोंवाली उनकी कविता के रचना-कर्म को परखने के दौरान ये तथ्य सामने आते हैं : (1) यूँ तो सामान्य आदमी के दुःख दर्द तथा उन पर होनेवाले अत्याचारों को देखकर कच्ची उम्र से ही वे मर्माहित हुए हैं, (2) इन असह्य दुःखों से पार पाने के लिए साम्यवाद का सहारा उन्होंने लिया। (3) साम्यवादी विचारधारा को अपनाने के बावजूद ज़िन्दगी की समग्रता और विविधता के तीव्र निरन्तर अहसासों के कारण उनकी साम्यवादी निकटता समर्पित राजनीतिक निष्ठा नहीं बन पायी। किसी भी विचारधारा या दर्शन के शीर्ष पर वे इन्सान को पाते हैं। इसीलिए साम्यवाद के समीप चले जाते हैं और इसी साम्यवादी इन्सान को अकड़ा-जकड़ा देखकर वे इस व्यवस्था के खिलाफ बगावत का नारा भी देते हैं। इसीलिए 'धोंड्या नाई' उनकी एक कविता का नायक बनकर आता है। 'गाँठ' नामक कविता की नायिका और नायक आदि सभी पात्र ऐसे हैं। जो नियति के मारे हैं; और कवि के मन को लहू-लुहान बना देते हैं। इसीलिए इस परिस्थिति को वे सामाजिक, राजनीतिक एवं सांस्कृतिक कसौटियों पर कसने के लिए उद्यत हो जाते हैं।

करंदीकर की कविता में ऐसे सभी पात्रों को वैचारिक सन्दर्भ में प्रतीकात्मकता प्राप्त होने के बावजूद उनकी मनुष्यता, इन्सानियत हर कीमत पर बहाल है। निष्ठाओं के मज़बूत पंजे भी इन चेहरों को मिटा नहीं पाये हैं। करंदीकर की कलात्मक रचनाधर्मिता का यह एक महत्त्वपूर्ण घटक है। यह घटक विचारों के तनावों को जज़्ब करता है, प्रतीकों के स्तर पर विचरण करता है; लेकिन फिर भी आदमी के साथ आदमी की ही तरह पेश आता है—आत्मीयता से बात करता है। करंदीकर का दर्शन उनकी कविता के गिर्द अपना जाल नहीं बिछाता; तो उसकी वज़ह भी यही है। ये पात्र—सरोज नवानगर वाली, धुल्या गडहरा,

धोंड्या नाई, खाँसता नारायण, बकी, कावेरी डोंगरे आदि ही तो कवि के भावेतिहास के रचयिता हैं। इसी भावेतिहास का एक हिस्सा है करंदीकर का सामाजिक, राजनीतिक विचार-दर्शन। आम आदमी के दुःख-दर्द की प्रत्यक्ष अनुभूति ही करंदीकर को साम्यवाद का रास्ता दिखाती है। पूँजीवादी समाज-रचना में जनता का होनेवाला अमानुष शोषण, इसी शोषण के रास्ते से गुज़रनेवाला क्रान्ति का मार्ग, क्रान्ति की इस प्रेरणा को यन्त्रावतार का प्राप्त होनेवाला समर्थन, क्रान्तिजनित अटल हिंसाचार, क्रान्ति के ज़रिए स्थापित होनेवाली प्रत्याशित समताधिष्ठित समाज रचना आदि महत्त्वपूर्ण मोड़ों से होते हुए करंदीकर की कविता अपनी अलग पहचान बनाती है।

इसी के साथ करंदीकर की प्रेम-कविता की ओर भी विशेष ध्यान देना होगा। उनकी प्रेम-कविता में विविधता है, जो रचना के लिबासी आग्रह से नहीं, बल्कि मूलभूत अनुभवों की तीव्रतर, विविध अनुभूतियों की समेकितता से जन्म लेती है। अनुभवों के इस अनूठेपन को व्यक्त करने के कई तरीके उन्होंने पेश किये हैं। प्रेम समग्र जीवन के सन्दर्भों का एक विशिष्ट अनुभव होता है—यह तथ्य करंदीकर के सोच का अविभाज्य अंग है। किसी अनुभव को कृत्रिम स्वयंपूर्णता प्रदान कर उस पर रचना की पच्चीकारी करने की धृष्टता वे कदापि नहीं करते। उनकी कविता में व्यक्त प्रेमानुभव कहीं-न-कहीं उनकी ज़िन्दगी से जुड़ा होता है। ज़िन्दगी की रह-गुजर की थाह पानेवाली, उसकी विसंगति पर उँगली रखनेवाली, विफलता को अधोरेखित करनेवाली, कृतार्थता का संकेत देनेवाली उनकी चिन्तनशीलता उनकी प्रेम कविता को भी एक नया आयाम दे जाती है। प्यार की अन्यान्य छटाओं के भाव-सौन्दर्य को निहारते हुए वे स्त्री के व्यक्तित्व की अतल गहराइयों में झाँकने का साहस भी करते हैं। और उसी के साथ-साथ अपने जीवन-मूल्यों की सार्थकता को भी उतनी ही सच्चाई के साथ परखते चले जाते हैं। इसीलिए उनकी प्रेम कविता में न्यायोचित संमिश्रण आ सका है। अहसासों से रिसनेवाले भग्न-प्रीत के जख्मों से लेकर जीने की कृतार्थता से होने वाले साक्षात्कार तक उनकी कविता कई उतार-चढ़ावों से गुजरी है। असफल प्यार की कसक तथा नये प्रेम का स्वागत करनेवाली सहज, स्वाभाविक प्रेरणा—इस द्वैत तनाव की कशमकश से उनका यह नया अनुभव जन्म लेता है। प्रीत तथा अतीत का उलाहना अथवा नये प्यार की दस्तक का चित्रण न कहीं संजीदा है, न ही कहीं हावी होता है। शब्दों की अनावश्यक आतिशबाजी अथवा भावनाओं की अप्रत्याशित बरसात उनकी प्रेम कविता में नहीं है। इसका पूरा श्रेय अनुभव ग्रहण करने तथा व्यक्त करने की उनकी शैली को जाता है। परस्पर विरोधी ये दोनों घटक भाव जीवन की अनिवार्य यथार्थता के तौर पर करन्दीकर के आँगन में आते हैं। इसीलिए किसी भी घटक के तरल उदात्तीकरण की बजाय उसकी कलात्मक अभिव्यक्ति को ही वे तरजीह देते हैं।

करन्दीकर की कविता को आशावादी अथवा निराशावादी लेबल बेरहमी से चिपकाकर उसका मूल्यांकन नहीं किया जा सकता, क्योंकि आशा और निराशा को इतने रूपों में, इतनी बार उन्होंने जज्ब किया है कि उनका प्रत्येक ऐसा अनुभव निर्झर बनकर अनायास प्रवाहित होता है, क्योंकि जीने की मूल पेरणा उसमें समाहित होती है। उनकी प्रेम कविता भी इसका अपवाद नहीं है।

समूचे नारी-मन की थाह पाने का प्रयास उनकी प्रेम-कविता का एक प्रमुख आयाम है। नारी को केवल एक भोगयन्त्र मानना अथवा नारीत्व का अनावश्यक उदात्तीकरण करना—इन दोनों अतिवादी भूमिकाओं की जुस्तजू में सत्य फिसलकर निकल जाएगा, इस हक़ीक़त को वे अच्छी तरह से जानते हैं। इससे बचने के लिए यदा-कदा परम्परागत मान्यताओं पर उन्हें प्रहार भी करना पड़ा। ऐसी स्थिति में कईयों ने इसे परम्परागत मूर्ति-भंजन भी कहा। उन पर यदा-कदा होने वाली टीका-टिप्पणियों से ऐसा भी लगता है कि कुछ लोग उससे आहत हो जाते हैं। तथापि यहाँ यह बताना जरूरी है कि वे इरादतन ऐसा नहीं करते।

पारम्परिक संकेतों को करंदीकर की कविता धता बताती है, क्योंकि यह सत्यान्वेषण की उनकी कवायद का अनिवार्य हिस्सा है। सत्य से साक्षात्कार करते हुए उसकी रोशनी से, घिसे-पिटे रास्तों को देखने की आदी आँखों की रोशनी चली जाए तो भी बेहतर है। ऐसी बेबाक मनीषा करन्दीकर अपनी 'संहिता' नामक लम्बी प्रेम-कविता में व्यक्त करते हैं—

अपने वंशवृक्ष के गूढ़ गीत एकबारगी समझा दो मुझे।
प्रकाश देखकर अन्धा बनने के लिए भी अब मैं तैयार हूँ।

'संहिता' की तीसरी कविता का यह अंश है। इसी कविता में पारम्परिक संकेतों की टोपी उछालनेवाले कुछ सवाल करन्दीकर ने किये हैं। इन सवालों में मूर्ति-भंजन का आक्रामक आवेग नहीं बल्कि नारी को समझने क लिए एक अलग तरह से उसे आँकने की सम्भावनाओं का संकेत है। अहिल्या रूपी शिला, युधिष्ठिर को सहनेवाली पांचाली की अस्मिता, गान्धारी की समझदार आँखों में व्याप्त भय, गला-घुला रामायण...ये सभी प्रतीक इन सम्भावनाओं को व्यक्त करने के लिए ही कविता में आये हैं—मूर्तिभंजन के लिए नहीं :

अहिल्या शिला हुई...इतनी तृप्ति उसे कहाँ से मिली?
प्रकाश की गाँठ खोलते समय इन्द्र के बदन में उगी आँखें कैसे चमकीं?
और युधिष्ठिर को जज्ब करनेवाली पांचाली का योग;
पतिव्रता गान्धारी की निपुण आँखों में उभरा भय, बोध; बँधा हुआ
सीता-लक्ष्मण में घुली रामायण,...उनकी भी समझ से परे...

एक ही घटना को विभिन्न कोणों से देखा जा सकता है, इस तथ्य को कुबूलना यानि असली चिन्तनशीलता को सर-आँखों रखने जैसा है। आक्रामक, प्रचारी अभिनिवेश में ऐसी विनम्रता नहीं होती। जब करन्दीकर कहते हैं, कि 'अपने वंशवृक्ष के रहस्य-गीतों का अर्थ एक बार मुझे समझाओ तो' तब उनकी विनम्रता का ही इजहार होता है। नारी जनित शारीरिक वासना का गौरव वे अवश्य करते हैं, इससे तात्पर्य यह नहीं कि वे उसे भोगवस्तु मानते हैं। उसे जीवनविषयक सत्य के रूप में, नारीत्व के अनिवार्य हिस्से के तौर पर वे ऐसा मानते हैं। अपनी इस विद्रोही भूमिका के तहत वे नारी प्रतिभा को हौवा की तरह 'नहीं डिगा सका तुम्हें सुल्तानी बल' मानते हैं। अनुभूत सत्य के प्रति उत्कट तथा निर्भय आस्था ही उनकी प्रेरणा के मूल में होती है। नारी-व्यक्तित्व के इस यथार्थ को यदा-कदा वे मन की अतल गहराई की थाह पाने वाले मनोविश्लेषण के रास्ते ले जाते हैं। ऐसी स्थिति में उनकी कविता कहानी के निकट जाती दिखाई देती है। तब कथा (नयी कहानी) से अपना रिश्ता जोड़ती-सी प्रतीत होती है। इन्सान के सतही, छलिया रूप के भीतर और भीतर जाकर असली इन्सान को ढूँढ़ निकालने के वे आग्रही प्रतीत होते हैं।

'त्रिवेणी' तथा 'संहिता' जैसी प्रदीर्घ कविताओं में व्यक्त अनुभवों एवं रचनाधर्मिता का स्वरूप सम्मिश्र है। कथात्मक, भावकाव्यात्मक और चिन्तनात्मक—तिहरी बुनावट से ये कविताएँ साकार हुई हैं। अनुभव जहाँ जितना ठोस हो वहाँ उस तरह की शैली में शब्दों को अभिव्यक्ति मिल पायी है। तथापि ऐसा नहीं है कि ये कविताएँ एक-दूसरे से सर्वथा भिन्न हों, अनुभव तथा शैली के तीन रूप आपस में किस तरह संवाद साधते हैं, कलात्मक एकात्मता के धरातल पर अपनी छाप छोड़ते हैं—इस प्रक्रिया की पड़ताल करना काफी दिलचस्प हो सकता है। करन्दीकर की प्रदीर्घ प्रेमकविताओं की यह उल्लेखनीय विशेषता है। कविता में वैचारिकता तथा प्रेमानुभव की भावोत्कटता का एकात्मीकरण अत्यन्त कठिन होता है। तिस पर किसी घटना या प्रसंग का विवरण उन पंक्तियों में करना हो तो यह एकात्मीकरण और भी दुरूह बन जाता है। घटनाओं के ब्यौरे भोंथरे प्रतीत होते हैं, भावोत्कटता सस्ती नाटकीय संवेदनशीलता में तब्दील होने लगती है तथा वैचारिकता वक्तृत्वपूर्ण बयानबाजी बनकर रह जाती है। करन्दीकर की प्रदीर्घ प्रेमकविताओं में एकात्मीकरण हो पाया है तो इसलिए क्योंकि उनकी चिन्तनशीलता उत्कट भावस्थिति में ही खिलती है। आम आदमी के सुख-दु:ख ही उनके अनुभवों की धुरी है। इसी धुरी से तालमेल बिठाकर उनकी संवेदना के अन्य केन्द्र सक्रिय हो जाते हैं। उनमें किसी भी तरह का बिखराव या बेसुरापन नहीं रह जाता। मैंने कहा था कि उनकी सामाजिक, राजनीतिक विचारधारावाली कविताएँ आम आदमी की पीड़ा का हुंकार हैं जो साम्यवाद के साये में ले जाती हैं। जबकि कविता के विविध केन्द्रों की संगति और आपसी तालमेल हमें भावस्थिति-केन्द्र से संक्रमित

कर चिन्तन-केन्द्र की ओर ले आते हैं। भावस्थिति के संवादी सुरों का प्रसारण करनेवाले सभी केन्द्रों के एकात्मीकरण का सटीक उदाहरण है 'त्रिवेणी'। ऐसी कविताओं में घटनाओं के ब्यौरे एक साथ बाहरी यथार्थ के अलावा इन्सान की आन्तरिक सचाई के संवेद्य प्रतीक बन जाते हैं। इसीलिए वे पैबन्दनुमा वर्णन बनकर नहीं रह जाते।

आधुनिक इन्सान की आन्तरिक ध्वस्तता, उसका एकाकीपन, हर मोर्चे पर होनेवाली उसकी पराजय आदि अनुभव नयी कविता के विषय हो सकते हैं। प्रेमानुभव के सन्दर्भ में इसी ध्वस्तता का अन्वयार्थ खोजने की कशिश उनकी 'त्रिवेणी' में दिखाई देती है। इस कविता का नायक व्यावहारिक महत्त्वाकांक्षा के प्रभाव में आकर अपनी प्रियतमा को नकारता है तथा बाँझ प्रतिशोध के फरेबी सन्तोष को पालते हुए 'ध्वस्त दिलों की द्विभाजित खाई में कदम-ब-कदम रास्ता नापनेवाले एकाकी पिशाच' की अभिशप्त ज़िन्दगी उसके हिस्से में आती है। स्वार्थ और लालच के जाल में फँसा वहमी इन्सान किसी से भी खालिस प्यार नहीं कर सकता, ज़िन्दादिली के सर्जनशील केन्द्र को खो देता है, नष्ट-ध्वस्त होकर शापित आत्मा बन जाता है। इसी शापित ज़िन्दगी का प्रत्ययकारी चित्रण करन्दीकर इस कविता में कर पाये हैं।

खुद से हटकर खुद्दार ज़िन्दगी जीनेवाली नारी के प्रेम का अनुभव प्राप्त करते हुए लालच-केन्द्री महत्त्वाकांक्षा की सीमाओं का अहसास करन्दीकर को स्पष्टतया हो जाता है :

'मुझे अभी भी पता नहीं दिशाएँ कितनी हैं। तथापि
हर दिशा में डूबने लायक पानी है; और डूबते हुए
कृतार्थता अनुभव की जाए इतना गहरा कहीं भी नहीं।'

उसकी कृतार्थता से इस तरह साक्षात्कार करते समय कठोर सामाजिक यथार्थ का अहसास तथा वैश्विक यथार्थ के रू-ब-रू खड़ा होने की ललक कवि को एक नया धरातल प्रदान करती है। कृतार्थता से जुड़ी सर्जनशीलता के केन्द्र का नारी जीवन के परिप्रेक्ष्य में चित्रण करने के दौरान करन्दीकर इस अनुभव-रचना की जड़ तक पहुँचने का प्रयास करते हैं। ऐसे में किसी भी अनुभव को वे अनावश्यक तरजीह नहीं देते। ज़िन्दगी का समग्रता के सन्दर्भ में ही वे घटनाओं का नाप-तोल करते हैं। इस समग्रता का अधिष्ठान बौद्धिक नहीं बल्कि प्यार करने की सहज-प्रेरणा से जुड़ा है। कई वैचारिक निष्ठाएँ उत्कट होने के बावजूद करन्दीकर की कविता प्रचार की नहीं बन पायी है, क्योंकि उसके मूल में समग्रता की अनुभूति है। खुद को अलग रखकर दूसरों के लिए खटकनेवाली निर्मल मनुष्यता ही उनकी जीवनदृष्टि में संक्रमित होने वाली सर्जनशीलता का केन्द्र बन जाती है। ज़िन्दगी की समग्रता में अनुभवों की अनायास रचना करने के दौरान यह केन्द्र—या कहें कि ईश्वर—नारी की परिधि में आ

जाता है; तथापि अपनी इस उपलब्धि से वह सर्वथा अनभिज्ञ रह जाती है। नारी की शक्ति में ही करन्दीकर को अपनी रचना-क्षमता की यथार्थ अनुभूति होती है; द्विभाजन में भी जीने का सहारा उन्हें मिल जाता है।

करन्दीकर की कविता से व्यक्त होनेवाला जीवनानुभव तथा उसके अनुरूप रूपाकार होते शब्द आदि का विवरण अब तक विस्तार से मैं कर चुका हूँ। कविता रूपबन्ध सामान्यतया कविता से व्यक्त होनेवाले अनुभवों के अनुरूप होता है। अनुभव प्राप्त करने के बाद प्रत्यक्ष अभिव्यक्ति की अवधि, उसका प्रारूप मन-ही-मन कवि गुनता रहता है। इसीलिए रूपबन्ध का विश्लेषण अलग से मैंने नहीं किया, बल्कि अनुभवों के साथ उसे जोड़कर ही टिप्पणियाँ करता रहा। एक पाठक के तौर पर कविता पढ़ते हुए रूपबन्ध की यथार्थता का जायजा आप ही लिया जा सकता है, क्योंकि कविता की रचना-प्रक्रिया में वह अनायास समाहित होता है। तथापि मूल्यांकन की सुविधा को देखते हुए करन्दीकर द्वारा किये गये विभिन्न प्रयोगों का सार-संक्षेप इससे अलग चरण में देना अनुपयुक्त नहीं होगा।

आततायी अभंग : 'अभंग' मराठी साहित्य की अमोल धरोहर है जो महाराष्ट्र के सन्तों की देन है। परमतत्त्व का आकर्षण, भौतिक संरचना की जिज्ञासा, ज़िन्दगी का स्वरूप सम्बन्धी चिन्तन, आत्मद्रोही समाज की खिंचाई, आत्मसाक्षात्कार आदि मूलभूत अनुभव सन्तों के अभंगों से व्यक्त हुए हैं। करन्दीकर के आततायी अभंग भी कुछ इसी तरह के हैं। परमात्मा से संवाद के दौरान सन्त-महात्मा औपचारिकता की आड़ से बात नहीं करते। भक्त-परमात्मा के बीच में कृत्रिमता हो ही क्यों? इसीलिए करन्दीकर ने इन्हें 'आततायी' अभंग कहा है। इस विशेषण से तात्पर्य यह है कि 'जो भी कहेंगे बेबाक होगा।' सन्तों के अभंगों की लय में ही अक्सर करन्दीकर बात करते हैं। सन्त-स्वरों को विरोधी आधुनिक ज़िन्दगी के स्वरों के रू-ब-रू ला खड़ा करते हैं। इस विरोधी स्वर के कारण करन्दीकर को अभिप्रेत चुटीला व्यंग्य और भी तीखा बन जाता है। पुराने अनुभवों पर नये अनुभवों का दहला जमाते समय मूल पंक्तियों में तनिक हेर-फेर से ही वे वांछित लक्ष्य प्राप्त कर लेते हैं। जैसे :

का रे नाडविसी। कृपाकू देवासी
पोशितो जगासी। एकलाची

इस मूल अभंग का भावार्थ यह है कि परमात्मा समूचे संसार का पोषण करता है। समाज में व्याप्त दुःख-दर्द के कारण बेचैन हुआ कवि अभंग में भाविक सुर को जगाकर उसी धरातल पर ज़िन्दगी के भीषण यथार्थ को रख देता है :

का रे नाडविसी। आपुल्या मनांसी
पोशितो कुणासी। जगी कोण?

महारोग्यापोटी। पोरांची खिल्लारे
जीवन तयां रे। कोण देतो?

नव यथार्थ का तीव्र अहसास पाठकों को कराने के लिए सन्दर्भों समेत तिरछी भाषा का प्रयोग ही तो उनके आततायी अभंगों की विशेषता है। परमात्मा सम्बन्धी परम्परागत धारणाओं पर प्रहार करने के लिए करन्दीकर ऐसे तीखे व्यंग्य की शरण अकसर लेते हैं। शोषक शक्ति तथा शोषण के कारणों की ओर आम आदमी का ध्यान न जाने देने की दृष्टि से पूँजीवाद संस्कृति सम्बन्धी धारणाओं को बढ़ावा देता है—यह सोच कि इसके मूल में है परमात्मा सम्बन्धी संस्कार एवं विभिन्न संकल्पनाओं का असर है, जो अफीम की तरह जनमानस पर पड़ता है और इसी बेहोशी में उन्हें चूसना आसान हो जाता है। शोषक वर्ग कायर होने से इस तरह के नशे की आड़ लेता है। लेकिन करन्दीकर आम आदमी को शोषण की जड़ों तक ले जाने का प्रयास करते हैं। आततायी अभंगों के चुटीले अन्दाज में यह बेबाक प्रयास भी निहित है। 'बोलविता धनी' यानी परमेश्वर के इशारे पर ही दुनिया चलती है, इस धारणा पर प्रहार करने के लिए पूँजीपतियों के पिट्ठुओं को निशाना बनाया है। दोनों को एक ही पंक्ति में बिठाकर वे व्यंग्य करते हैं :

मालकांचा देव। मालकांना पावे
आम्ही फक्त व्हावे। अन्नभक्त
...पिंजऱ्यात पक्षी। स्वातंत्र्याची गाणी,
बोलविता धनी। वेगळाची!

मालिक ही मालिकों पर कृपा करते हैं। आम आदमी तो केवल 'पेटार्थी' होता है। उसी तरह जिस तरह से पिंजड़े में कैद पंछी आज़ादी के गीत गाता है क्योंकि उससे वह गवाने वाला कोई और ही होता है।

सूक्त : करंदकिर ने आठ सूक्त लिखे, जो 'जातक' नामक संकलन में शामिल हैं। वेदों में सूक्तों की रचना है, जैसे-उषःसूक्त। वेद-सूक्तों से एक लौकिक अर्थ ध्वनित होता है और दूसरा पारलौकिक अर्थ भी उसमें समाहित होता है, जो चिरन्तन सत्य की ओर ले जाता है। करंदीकर ने ऐसे ही सूक्तों की रचना की है। वेदोक्त ढाँचे में अपना जीवन विषयक चिन्तन, ज़िन्दगी के स्वरूप से सम्बन्धित मान्यताएँ आदि तत्व उन्होंने भर दिये हैं। इनका स्वरूप आततायी अभंगों से काफी मिलता-जुलता है। दोनों प्रकारों में ज़िन्दगी का भाष्य है, तीखा व्यंग्य है और अपेक्षित प्रभाव निर्माण करने के लिए संदर्भों तथा निवेदन पद्धति के आभास पैदा किए गये हैं। सूक्तों में वेदोक्त रचनाओं तथा महाभारतकालीन घटनाओं के आभास हैं, तो अभंगों में सन्तों की अभंग रचनाओं के। इस समूचे रचना-वंश में चुटीलेपन के साथ ही उनका जीवन विषयक चिंतन भी सामने आता है। सूक्त भी इससे अछूते नहीं है। अभंगों की रचना पारम्परिक

'अभंग' छन्द में है जबकि सूक्तों (स्तन्यसूक्त के अलावा) के लिए आज की तरह मुक्तछन्द का प्रयोग किया गया है।

मुक्त सुनीत—उत्कट भावस्थिति एवं चिन्तनशीलता की अभिव्यक्ति के लिए करंदीकर ने सुनीत जैसे काव्य प्रकार को चुना और यह बिल्कुल उनके मिज़ाज़ के अनुरूप ही है। पारम्परिक मराठी सुनीत में चौदह पंक्तियाँ होती हैं और यह शार्दूलविक्रीडित वृत्त में लिखा जाता है तथापि करंदीकर को लगा कि इस छन्द और वृत्त में पंक्तियों की लम्बाई, यमक रचना, विशिष्ट छन्दोबद्ध लय आदि बन्धन उन्मुक्त अभिव्यक्ति में बाधा डाल सकते हैं। अतएव उन्होंने आज की तरह मुक्तछन्द की योजना स्वीकार की। इसमें पंक्ति की लम्बाई का बन्धन तो नहीं ही होता, अनावश्यक शब्दों की जोड़-तोड़ से पंक्ति पूरी करने की मजबूरी भी नहीं होती। भावना तथा चिन्तन की समुचित अभिव्यक्ति के लिए उपयुक्त रचनाबन्ध तथा रचनानुरूप आज़ादी एवं आज के मुक्तछन्द की सहूलियत के कारण कविकर्म आसान हो सका। इसके अलावा चौदह पंक्तियों की पाबन्दी का भी उन्होंने विशेष ख्याल नहीं किया। सुविधानुसार तेरह, पन्द्रह पंक्तियों पर भी वे उतर आये हैं। इसीलिए इसे परम्परा एवं प्रयोग का मिला जुला रूप कहा जा सकता है।

तालचित्र—रागमाला चित्रों की ही तरह करंदीकर के ये तालचित्र हैं। रागमाला चित्र में किसी राग को सुनने के बाद चित्राविष्कार होता है। लेकिन वही राग सुनने के बावजूद अन्य लोगों की अनुभूति उसी प्रकार की न भी हो। करंदीकर के तालचित्र इसी व्यक्तिगत अनुभूति का आविष्कार हैं। 'धृपद' नामक कविता संग्रह में उनके सात तालचित्र शामिल हैं। इनमें से प्रत्येक तालचित्र की सर्वथा भिन्न, भावनात्मक प्रकृति का अहसास करंदीकार को हुआ है। उदास, प्रसन्न, चिन्तनशील, शृंगारिक आदि किसी भी तरह का अहसास हो सकता है वह। मात्राओं की संख्या, कालिक समूह रचना, बोलों की विशिष्ट ललकार आदि की समेकित अनुभूति के कारण इस अनोखे रचनाबन्ध को वे आजमाते हैं। इन तालचित्रों को सम्बद्ध भावना से साक्षात्कार करानेवाली स्वतन्त्र भावकविता भी कह सकते हैं।

बालकविता—करंदीकर के काव्यत्व का यह एक महत्त्वपूर्ण प्रयोग है। करंदीकर की अधिकांश बालकविताएँ 'अजबखाना' (1974) नामक संग्रह में संकलित की गयी हैं। करंदीकर की काव्य-प्रकृति की कई विशेषताएँ उनकी बाल कविता में दृष्टिगोचर होती हैं। बाल कविता के लिए उन्होंने आज की तरह के मुक्तछन्द का प्रयोग किया है। मुक्तसुनीत में प्रयुक्त मुक्तछन्द की तुलना में यह मुक्तछन्द अधिक बँधा हुआ है। छन्दानुपातिक बन्दिस्त भले ही न हो, किन्तु छन्द का निकटवर्ती अवश्य है। इन कविताओं में यमकों का प्रयोग हुआ है। 1940-1952 के बीच लिखी तेरह बाल कविताएँ उनके स्वेदगंगा नामक पहले काव्य संग्रह में संकलित हैं। इनमें से कुछेक

बाल कविताओं में प्रतिमाओं तथा अनुभवों के स्तर पर कुछ अनोखापन अवश्य दिखाई देता है। तथापि उनका स्वरूप पारम्परिक कविता से मिलता जुलता ही है। लेकिन 1957 के बाद उन्होंने जो बालकविता (राणीची बाग शीर्षक से प्रकाशित पहला संग्रह) लिखी वह रचनाबन्ध के तौर पर अलग छाप छोड़ती है।

इसमें प्रस्तुत हकीकत और कल्पना का अद्‌भुत रम्य, मजेदार, कुछ-कुछ विक्षिप्त-सा मिश्रण बच्चों के भावविश्व से बराबर मेल खाता है। उसकी नाट्यमयता, अतार्किक धरातल से भाव-संवाद साधनेवाली मन्त्र जैसी रचना, लयदार बोली भाषा का प्रयोग, बच्चों की खिलंदड़ वृत्ति से पनपता हास्य-व्यंग्य, परिकथा सदृश्य सौन्दर्यदृष्टि आदि कई विशेषताएँ हैं।

ग़ज़ल—करंदीकर ने अपने काव्य संग्रह 'जातक' के दूसरे संस्करण में अपनी पच्चीस ग़ज़लें शामिल की हैं। तरुणवय में करंदीकर के मन पर मराठी कवि माधव ज्यूलियन का काफी प्रभाव पड़ा। माधव ज्यूलियन की मृत्यु के बाद 'रविकिरण मंडल' की कविताओं से साधर्म्य रखने वाली 'मराठीचा विलाप' नामक मृत्युगीत उन्होंने लिखा, जो 'स्वेदगंगा' में संगृहीत है। माधव ज्यूलियन ने भी बालगीत, व्यक्ति चित्र, सुनीत, ग़ज़ल, आधुनिक प्रकृति के अभंग, व्यंग्य आदि कई तरह की कविताएँ लिखीं, और करंदीकर ने भी स्वेदगंगा की तीन-चार ग़ज़लों के अलावा अन्य कहीं भी करंदीकर की कविता पर माधव ज्यूलियन का प्रभाव दिखाई नहीं देता। तथापि इतने सारे काव्य-रूपों में कविताएँ लिखने की करंदीकर की ललक़ कहीं-न-कहीं माधव ज्यूलियन के सृजन से अपना सरोकार होने का सबूत देती है। ग़ज़ल दरअसल उर्दू साहित्य का बेशकीमती तोहफा है। आध्यात्मिक चिन्तन, उत्कट प्रेमभावना, फिसले हुए लम्हों के फलसफे, शराब की खुमारी में पगा शबाब, मुस्तकबिल के हवाले मुकद्दर आदि अनुभवों के दायरे में उर्दू ग़ज़ल बड़ी ही नज़ाक़त से अपना आब-ओ-हुस्न बिखेरती है। ग़ज़ल आमतौर पर गीत की तर्ज पर लिखी जाती है। करंदीकर की अधिकांश ग़ज़लें प्रेमभावना से सराबोर हैं। लेकिन उनकी ग़ज़लें सुनते हुए ऐसा कदापि नहीं लगता कि अनुभवों के कई द्वार एक साथ खुल गये हैं, जबकि उर्दू ग़ज़ल में ऐसा अत्यन्त सहजता से होता है। उर्दू ग़ज़ल भले ही आप पढ़ रहे हों लेकिन वह बाकायदा आपके कानों में गूँज रही होती है। करंदीकर की ग़ज़लें महज छपे हुए सफ़े लगती हैं। उन पर बौद्धिकता हावी लगती है। वह गीत और कविता के बीच का कोई काव्य प्रकार प्रतीत होता है तथापि कुल मिलाकर करंदीकर की भावकविता का दायरा व्यापक बनाने के प्रयास के तौर पर उनकी ग़ज़लों को आंकना उचित होगा।

विरूपिका—इसी नाम से करंदीकर का कविता संग्रह 1981 में प्रकाशित हुआ। ''कोई अनुभव एक बार दिल को छू ले या कोई विचार अथवा स्थिति विरूप होकर कविता में ढल जाए तो वही विरूपिका है।'', ऐसी दुहाई स्वयं उन्होंने ही उक्त संग्रह

की प्रस्तावना में दी है। काव्यरूप प्राप्त करनेवाला अनुभव विरूप होकर व्यक्त होने से तात्पर्य क्या है? इस सवाल के जवाब में सबसे पहले हम पाते हैं कि विरूपिका हमें झिंझोड़ती है। आमतौर पर कविता की जो प्रकृति होती है, उसमें जो महीन तरलता होती है तथा सौन्दर्य को लेकर हमारी जो आम धारणाएँ होती हैं उससे बिल्कुल अलग तरह का चुटीलापन इसमें होता है। अनुभवों का एक खास क़िस्म का तनाव अनुभूति में एक तरह की बेतरतीब (डिस्टॉर्शन) पैदा करता है। यह ऊबड़-खाबड़ अनुभूति भी ऊँटपटाँग रूप में लीक से हटकर अपनी तरह से ही व्यक्त होती है। इसी वजह से प्रचलित काव्य-सौन्दर्य क़ो जोरदार झटका लगता है। विक्षिप्तता, अतिशयोक्ति, व्यंग्य, उलाहना, विकृति, विदूषकी, विसंगति, शब्दों की हेराफेरी, गुब्बारे में पिन चुभोने से होने वाली मायूसी सदृश्य स्थिति, एकाकीपन के भय को छुपाकर व्यक्त की जाने वाली कृत्रिम खुशहाली आदि कई तरह की खाल ओढ़ कर करंदीकर का विरूप अनुभव व्यक्त होता रहता है। उनकी कविता के पात्र जहाँ रोना हो वहाँ ठठाकर हँसते हैं, और गहरे चिन्तन का धीर-गम्भीर अहसास न हो इसलिए ठिठोली करते हुए आगे निकल जाते हैं। गौर से देखा जाए तो इस विदूषिकी व्यववहार के मूल में एक गहरी संवेदना है, करुणा है, सत्य की थाह पाने की ललक है। इससे भी महत्त्वपूर्ण बात तो यह है कि जो सच हाथ लगा है उसकी खिल्ली खुद ही उड़ाने का साहस कवि यहाँ दिखाता है। करंदीकर की प्रतिभा की चिन्तनशीलता इन विरूपिकाओं के माध्यम से कारगर तरीके से व्यक्त हो सकी है। ज़िन्दगी की विसंगतियाँ, इन्सान का एकाकीपन, उसका दम्भ, उसकी उजड्ड क्रूरता, उसकी न्यूनताओं के साथ समझने का प्रयास करने वाली चतुराई (विज़डम) ही इन विरूपिकाओं का बल है।

संक्षेप में, रूपबन्ध का कोई भी साँचा सामने न रखकर अहसासों का उन्मुक्त आविष्कार कराते हुए फर्राटे से आगे बढ़नेवाली करंदीकर की कविता मराठी कविता के विकास क्रम में एक महत्त्वपूर्ण मुक़ाम पर खड़ी है। उनकी कविता, समीक्षात्मक लेखन, लघु निबन्ध, सभाष्य अनुवाद पढ़ते समय चैतन्यमयी प्रखर वाङ्मयीन निष्ठा से साक्षात्कार होता है। उनका यह वाङ्मयीन कर्तृत्व आगामी सर्जकों को राह दिखाने में सहायक सिद्ध हो सकता है, कला निर्मिति की प्रक्रिया में आनेवाली बाधाओं को दूर करने में मार्गदर्शक हो सकता है। यही करंदीकर की सार्थकता भी है तथा आधुनिक मराठी कविता को उनका अमूल्य योगदान भी।

(अनु.—प्रकाश भातम्ब्रेकर)